D0623259

WOLFGANG AMADEUS MOZART

LE NOZZE DI FIGARO
THE MARRIAGE OF FIGARO
DIE HOCHZEIT DES FIGARO

Opera
K 492
Libretto by Lorenzo Da Ponte

Ernst Eulenburg Ltd
London · Mainz · New York · Tokyo · Zürich

English preface © 1983 Stanley Sadie

All rights reserved. No part of this publication may be reproduced, stored in a retrieval system, or transmitted in any form or by any means, electronic, mechanical, photocopying, recording or otherwise, without the prior written permission of Ernst Eulenburg Ltd., 48 Great Marlborough Street, London W1V 2BN.

Printed in Germany

Die Hochzeit des Figaro

Komische Oper in vier Akten

von Lorenzo da Ponte

Musik von

Wolfgang Amadeus Mozart

Le nozze di Figaro

Opera buffa in quattro atti

di Lorenzo da Ponte

Musica di

Wolfgango Amadeo Mozart

PREFACE

In 1781 Mozart settled in Vienna, capital city of the Austro-Hungarian Empire. The city had a tradition of operatic activity, principally of Italian opera although French comic opera had been encouraged in the 1750s and 60s while German opera was favoured for a time in the 1780s: Mozart's first mature opera for Vienna, *Die Entführung aus dem Serail*, was composed for performance there in 1782.

Mozart's career was not primarily in the opera house, where Italians held sway. Vienna was also, in Mozart's own words, 'the land of the keyboard', and it was as a keyboard player, teacher and composer that Mozart primarily enjoyed a reputation. But we know from his correspondence that it was opera that excited him above all. Entry into Viennese operatic life, which was based on the opera houses directly under court patronage, was not easy for him. The Italophiles who occupied the leading positions at court, where Antonio Salieri was chief Kapellmeister, were – at least as Mozart saw them – antipathetic to a German. Works by such Italian composers as Paisiello, Anfossi and Sarti were in favour. However, as early as 1783 Mozart was seeking Italian librettos. It was in the spring of that year that he met Lorenzo da Ponte (1749–1838), who after a disreputable career in Venice had arrived in Vienna, where he was to become court poet. Da Ponte promised Mozart a text for the summer of 1783; probably that was *Lo sposo deluso*, which Mozart began but abandoned. He also began but abandoned, during 1783 and early 1784, work on an opera *L'oca del Cairo* to a text by the Slazburg cleric Gianbattista Varesco, who had supplied the libretto for *Idomeneo* in 1781.

Mozart lost interest in those works, because, we may be sure, their librettos did not sufficiently engage him. He needed something, it seems, that went beyond the traditional situations and traditional humour of comic opera – we know from his correspondence that he read numerous librettos that he rejected. It is reasonable, in the light of his ultimate choices, to think that he wanted something dealing with bigger issues and touching on real human emotions. It was not until 1785 that such a subject presented itself. Pierre Caron de Beaumarchais' play *Le barbier de Séville* (1775) had been set as an opera, by Paisiello, in 1782, and when given in Vienna the following year had been highly successful. In 1784 Beaumarchais' first sequel, *Le mariage de Figaro, ou La folle journée*, had after long delays reached the stage in Paris. It was to have been given in Vienna, in German, early in 1785, but was banned by the emperor on account of its revolutionary tone. Still, the precedent for success was there, the plot was strong, and the characters were full of life. Mozart asked Da Ponte to make an opera libretto out of it, which the poet did with consummate skill, shortening it, reducing the number of characters, and creating the opportunities for ensembles and arias necessary for a comic opera. He also muted its political overtones. That was essential if the opera was to pass the Viennese censorship and reach the stage. Doubtless it was this aspect of the work to which Da Ponte was referring when, writing in his memoirs about how he persuaded the emperor to have the opera mounted, he assured the emperor that he had omitted anything 'that might offend good taste or public decency'. Further, it is improbable that Mozart and Da Ponte would themselves have wished to be associated with the near-revolutionary sentiments expressed in the French original; though the opera does, of course, embody social tensions – indeed they are a mainspring of its action – these go little beyond those expressed in the countless comic operas of the eighteenth century in which a lord or a country squire is made to look ridiculous through the frustration of his sexual advances towards a girl of humbler station.

We do not know precisely when the opera was composed. Da Ponte later wrote that Mozart had written the entire work in six weeks, setting the text as quickly as Da Ponte could have it ready for him. That can scarcely be true. At the beginning of November 1785 Leopold Mozart, in Salzburg, had heard rumours that his son was occupied on a new opera, and on 2 November Mozart wrote his father a note apologizing for a seven-week silence on the grounds that he was up to his eyes in work on the opera, mentioning too that the court opera intendant, Count Orsini-Rosenberg, was pressing him for the score.

The score itself provides further evidence that Da Ponte's words should not be taken literally.[1] For Mozart did not compose the work in consecutive order. Karl-Heinz Köhler, using paper-types and inking as the basis of his work, has shown that the first two acts of the opera were composed in an order that relates to the nature of the items: first, he suggests, the playful, undramatic numbers, second the comic-dramatic ones, third the music that carries forward the dramatic action, and last the lyrical numbers. (Mozart had normally – like other composers of his day – left the arias to last, so that he could be sure to have heard the

singers for whom they were intended; this however would hardly have been necessary when writing in Vienna for a Viennese company.) Alan Tyson, basing his work on a more exact study of paper-types and rastrology, and having access to the entire score instead of just the first two acts, including a number of sketch leaves, has shown that the autograph score of Act 3 was written after the first two acts had been more or less completed and that Act 4, at least in part, seems to have been composed very late. (Tyson further shows that the hypothesis advanced in 1965, that the Countess's Act 3 scene including 'Dove sono', with the preceding scene for Barbarina and Cherubino, was originally intended to stand before rather than after the sextet, is not consistent with the evidence of the autograph.) It seems clear that the opera's composition was a more protracted process than Da Ponte suggested.

Composing the opera was one thing: getting it on to the stage was another. As we have seen, the emperor had first to be persuaded of its propriety; he also had to be persuaded that Mozart was a sufficiently experienced opera composer, as he had only one (meaning one for the recent Viennese stage) to his credit. There were, additionally, intrigues against Mozart: the intendant was in sympathy with the Italian party and aimed to give precedence to works by Righini and Salieri, and he also attempted to have a scene from Mozart's score suppressed because, contrary to the imperial wish, it required dancing. According to the Irish tenor Michael Kelly, a friend of Mozart's and creator of the roles of Basilio and Curzio, 'Mozart was as touchy as gunpowder, and swore he would put the score of his opera into the fire, if it was not produced first'. In the event, either through Mozart's determination, or Da Ponte's intercession, or the emperor's hearing Mozart play it over, it was decreed that the work be copied, rehearsed and performed.

---

[1] for studies of the autograph, see Karl-Heinz Köhler: 'Mozarts Kompositionsweise: Beobachtungen am Figaro-Autograph', *Mozart-Jahrbuch 1967*, p. 31, and Alan Tyson: 'Le nozze di Figaro: Lessons from the Autograph Score', *Musical Times*, cxxii (1981), p. 456

That was in the spring of 1786. The première was on 1 May, at 7 pm in the Burgtheater. 'The opera bored me', wrote the diarist Count Zinzendorf. His was a minority view. Indeed an imperial edict had to be issued on 9 May prohibiting encores of the ensemble numbers, 'to prevent the excessive duration of the opera'. The work remained in the Vienna repertory during 1786, though had only nine performances; but in 1787 it had a particular success in Prague, resulting in the commissioning of another opera from Da Ponte and Mozart for performance there (this was to be *Don Giovanni*). *Figaro* was revided in Vienna in 1789, with some different singers for whom Mozart supplied two replacement arias. The original cast included Luisa Laschi as the Countess, Anna Selina (Nancy) Storace as Susanna, Dorotea Bussani as Cherubino, Maria Mandini as Marcellina, Anna Gottlieb as Barbarina (she was only 12; in 1791 she was to create Pamina in *Die Zauberflöte*), Stefano Mandini as the Count, Francesco Benucci as Figaro, and Francesco Bussani as Antonio and Bartolo as well as Kelly (Basilio and Curzio). For the 1789 revival Francesca Gabrielli (known as Adriana Ferrarese del Bene) sang Susanna and Caterina Cavalieri the Countess.

The autograph score of *Le nozze di Figaro* was housed in the Preussische Staatsbibliothek, Berlin, until World War II. Since then, the score of the first two acts has been held in the Deutsche Staatsbibliothek, East Berlin; the score of the last two was for many years missing but is now in the Biblioteka Jagiellońska, Kraków.

Stanley Sadie

ZUR EINFÜHRUNG

Von Hermann Abert.

„Le nozze di Figaro" wurden am 1. Mai 1786 in Wien zum ersten Male aufgeführt. Den Grafen sang M a n d i n i, die Gräfin die L a s c h i, die Susanne die S t o r a c e, den Figaro B e n u c c i, den Cherubin die B u s - s a n i, die Marzelline die M a n - d i n i, den Basilio und Curzio K e l l y, den Bartolo und Antonio B u s s a n i und das Bärbchen als einzige Deutsche die G o t t l i e b, später Mozarts erste Pamina.

Die Blüte des dereinst mit so großen Hoffnungen begründeten deutschen Nationalsingspiels, für das Mozart 1782 seine „Entfüh-rung" und noch 1786 seinen „Schauspieldirektor" geschrieben hatte, war nur kurz gewesen. Statt dessen hatte die italienische Oper, vor allem die komische, einen mächtigen Aufschwung ge-nommen, der auch Mozart ver-anlaßte, sich der Opera buffa wieder zuzuwenden. Allerdings glückte es ihm zunächst nicht, einen Auftrag zu erhalten, da die Italiener, vor allem S a l i e r i, S a r t i und P a i s i e l l o, fest in der Gunst des Hofes standen und mit Aufträgen förmlich überhäuft wurden. Zahllose „Opernbücheln" (Libretti) hatte Mozart durch-studiert und 1783—1784 sogar zwei davon, „L'oca del Cairo" und „Lo sposo deluso" zu kom-ponieren angefangen, aber bald als unbrauchbar wieder fallen lassen. Da führte ihn im Jahre 1786 ein seltsames Spiel des Schicksals ans Ziel seiner Wünsche.

Der Dichter L o r e n z o d a P o n t e, ein Jude — er hieß eigentlich C o n e g l i a n o[1]), hatte aber dann nach der Taufe den Namen des Bischofs seiner Hei-mat Ceneda in Venetien angenom-men — war nach abenteuerlichen Schicksalen 1781 nach Wien ge-kommen und hier auf Empfehlung Salieris neben G. B. C a s t i als „Theatraldichter" angestellt wor-den. Er war ein gewandter Lite-rat, der namentlich ein feines Ge-fühl für die Eigenart seiner Kom-ponisten hatte, aber als Persön-lichkeit einer der vielen dunklen Ehrenmänner, die die damalige Zeit hervorbrachte, skrupellos, ehrgeizig und maßlos eitel. Kein

---

[1]) Geboren am 10. März 1749.

Wunder darum, daß er in Wien sehr bald allerhand Widerstände gegen sich hervorrief. Um sich gegen Casti zu behaupten, mußte er für seine Texte gute Komponisten zu gewinnen trachten und verfiel dabei schließlich auch auf den beständig zurückgesetzten Mozart.

Aller Wahrscheinlichkeit nach war es Mozart, der ihm eine Bearbeitung des B e a u m a r c h a i s'schen Lustspiels „Le mariage de Figaro" vorschlug. Dieser völlig aus der Stoffsphäre der damaligen Buffooper herausfallende Stoff war damals zwar sehr zeitgemäß, denn jenes Stück hielt seit seiner ersten Aufführung in Paris am 27. April 1784 die ganze gebildete Welt in Atem, aber seine Wahl war auch ein großes Wagnis, da Josef II. die Aufführung für Wien verboten hatte. Trotzdem wurde die Arbeit unternommen; sie soll nach Da Pontes freilich nicht immer wahrheitsgetreuem Bericht in sechs Wochen beendet worden sein. Der Kaiser ließ schließlich seine Bedenken gegen den Stoff fallen und befahl die Aufführung. Vergeblich suchten die Gegner durch allerlei Intrigen und sogar durch Aufhetzung der Sänger den unbequemen Mitbewerber zu Falle zu bringen. „Nie hat man einen glänzenderen Triumph gefeiert, als Mozart mit seinen Nozze di Fi-

garo", berichtet der Sänger K e l l y. Viele Stücke mußten da capo gespielt werden, so daß die Oper beinahe die doppelte Zeit spielte. Dieser Erfolg ist dem Werke auch treu geblieben. Als zweite Stadt brachte den „Figaro" P r a g heraus, und zwar noch im Dezember 1786. Dort hat der Erfolg bekanntlich den Auftrag der Komposition des „Don Giovanni" nach sich gezogen.

Nichts ist für Mozarts Welt- und Kunstanschauung bezeichnender als die Art, wie er den Figarostoff behandelt hat. Die Oper schließt einen Zeitraum in seinem Schaffen ab, der wohl äußerlich als der glücklichste seiner Mannesjahre gelten darf. Es war die Zeit, da er sich in Wien, vor allem durch sein Klavierspiel, steigender Beliebtheit erfreute. Die vornehme Gesellschaft subskribierte eifrig auf seine Konzerte und auch in den häuslichen Kreisen des Adels war er ein gern und häufig gesehener Gast. Er selbst genoß diese Wendung seines Geschickes in vollen Zügen und auch seine Kunst bewegte sich damals mehr denn je in den Geleisen der vornehmen Gesellschaftsmusik. Ihr Schwerpunkt ruht auf den großen Klavierkonzerten, in denen diese Richtung ihre höchste Verklärung erfuhr. Sprühend von Geist und Leben, aufs feinste geschliffen in der Form, bestrickend in ihrer leicht beweglichen Dialektik und von vollendetem Klangreiz, lassen sie noch einmal alle guten Seiten des ancien régime aufleuchten, und nur selten machen sich die seelischen Erschütterungen der kommenden Zeit bemerkbar. Kein Wunder, wenn diese Kunst ihren Schöpfer von Erfolg zu Erfolg trug. Ihren krönenden Gipfel aber erfuhr sie eben im „Figaro". Nach ihm wendet sich der Meister von dem Gesellschaftstypus ab und der Welt des Persönlichen mit all ihren Leidenschaften und Erschütterungen zu. „Don Giovanni" erscheint am Horizont und mit ihm jene Wandlung, die Mozart künstlerisch auf die höchste Höhe seines Schaffens, menschlich dagegen in Einsamkeit, Elend und schließlich zum frühen Tod im Armengrab führen sollte.

Nicht als hätte er im „Figaro" der vornehmen Welt seiner Zeit einen „Spiegel" vorhalten wollen. Alle außerkünstlerischen Ziele lagen ihm gänzlich fern. Man hat den „Figaro" schon eine Ständeoper genannt. Aber politische und soziale Fragen als solche waren für Mozarts Künstlersinn Schall und Rauch, wie alles Abstrakte, das sich seinem im Sinnlichen und Anschaulichen wurzelnden Naturell entzog. Ihn fesselte nicht eine bestimmte staatliche Ordnung, sondern die Menschen, die ihr an-

gehörten. Die Grafen und Gräfinnen, die seine italienischen Kollegen auf die Bühne brachten, sind ganz von der gesellschaftlichen Konvention jener Zeit bedingt. Etikette, galante Liebelei, Intrige und Grandseigneurtum bestimmen ihr Handeln und Empfinden allein. Mozart dagegen — und das ist das Neue an seiner Oper — dringt das durch diese äußere Hülle der Konvention auf den allgemein menschlichen Kern hindurch. Gewiß ist jene auch bei ihm noch wirksam, aber nicht mehr als Hauptsache, sondern sozusagen als Reibungsfläche für die dahinter waltenden rein menschlichen Kräfte. So erhebt er sich vom bloßen Naturalisten zum wahren Realisten, dem nicht die nächste beste, zeitlich bedingte Wirklichkeit als wahr und wirklich gilt, sondern nur das, was zu allen Zeiten wahr und wirklich ist. Seine ganze unerreichte Charakterisierungskunst, seine geniale Kombination von Tragik und Komik hat hierin ihre Wurzel.

Unter diesen Umständen mußte aber bei der Umwandlung des Beaumarchais'schen Originales gerade das fallen, worin sein Hauptreiz für die damalige Zeit bestanden hatte, nämlich die ganze politische und soziale Satire mit ihren tausenderlei schillernden Anspielungen und Spitzen. Wir wissen von der „Entführung" her, wie es bei der Entstehung einer Mozartschen Oper zuging. Was er von seinen Dichtern verlangte, war kein bis in die letzte Einzelheit hinein fertiger Text, sondern nur der allgemeine Grundriß eines solchen; sobald er diesen in der Hand hatte, begann er ihn sofort seiner eigenen musikalisch-dramatischen Phantasie gemäß auszugestalten. Es ist noch ganz der Standpunkt der älteren Zeit, für den in der Oper die Musik das Primäre, die Dichtung aber bloßes „Libretto" ohne literarischen Eigenwert war. Auch bei Mozart konnte es vorkommen, daß die Musik zu einem Stücke in seinem Kopfe bereits fertig vorhanden war, ehe er eine Textzeile von seinem Dichter in Händen hatte. Dieser hatte sich mit seinen Versen nach dem Komponisten zu richten, nicht umgekehrt, und es ist ein großes Verdienst d a P o n t e s, diesen Grundsätzen nach Kräften Rechnung getragen zu haben.

Formell war für d a P o n t e die Anlehnung an die italienische Opera buffa das Gegebene. Manche ihrer beliebtesten Motive, wie Verkleidung und nächtliche Verwechslung, fand er schon im Original vor, andere brachte er selbst hinein, so namentlich in der Charakteristik Bartolos, Basilios und Marzellines; auch der „chitarrino" in der ersten Kavatine Figaros gehört dazu und namentlich dessen Philippika gegen die Weiber im Schlußakt, ein bewährter Buffotyp, der hier den berühmten politischen Monolog des Helden bei Beaumarchais ersetzen muß. Im ganzen ist die Umgießung des Urbildes in einen Buffotext bis auf die Lückenbüßer im Schlußakt wohl gelungen und namentlich an der Größe des berühmten zweiten Finales, dieser „Komödie in der Komödie", hat der Dichter seinen reich verdienten Anteil.

Mozart war es freilich ebensowenig um eine waschechte italienische Buffooper zu tun, wie um eine politische Satire. Komisch im italienischen Sinne sind seine Opern überhaupt nicht, dazu fehlt ihnen die ganze kalte Selbstgerechtigkeit der Italiener mit ihrer Freude am Karikieren. Dafür spricht aus ihnen die wunderbare Gabe ihres Schöpfers, mit jeder seiner Personen mitzufühlen und sie dabei doch zugleich stets am Maßstab des Ideals zu messen. Er weiß genau, wo jeden einzelnen der Schuh drückt und läßt das auch seine Hörer voll empfinden. Dabei haben diese aber doch stets das Gefühl, als sehe hier der Schöpfer mit mitleidsvoll verzeihendem Lächeln auf das Allzumenschliche seiner Geschöpfe herab. Er will nicht bessern und bekehren, aber auch nicht karikieren, sondern den ewigen Reichtum des Menschenlebens schildern, und zwar als ein Künstler, dem selbst nichts Menschliches fremd ist. Die Italiener haben diesen Grundunterschied gegenüber ihrer eigenen Kunst sofort herausgefühlt. Bis auf den heutigen Tag haben Mozarts Opern auf ihren Bühnen nicht festen Fuß zu fassen vermocht.

Die Gestalten des „Figaro" weichen darum von den Typen der Opera buffa ebenso weit ab, wie von Beaumarchais. Die zahlreichen italienischen Vorgänger des Grafen Almaviva vertreten alle den Typus des verführerischen Kavaliers; es sind ebenso glänzende wie skrupellose Meister der Kunst der Galanterie, die sie als eine Art von Herrensport üben. Im Mozartschen Grafen ist dieser Drang zwar gleichfalls lebendig, aber er wird beständig durchkreuzt von Empfindungen, die hoch über die Konvention hinaus ins allgemein Menschliche hineinreichen. Er ist nicht bloß ein Gesellschafts-, sondern auch ein Naturwesen. Seine Liebe wächst über die galante Tändelei bald zum nackten menschlichen Urtrieb empor und treibt ihn in innere Konflikte hinein, die den komischen Eindruck in einzelnen Augenblicken mit einem Male ins Tragische hinüberspielen. Schon hier kündigt sich jene ganz unitalienische Mozartsche Verquickung von Komik und Tragik an,

die dann in voller Größe im „Don Giovanni" wiederkehrt.

Auch eine Gestalt wie die Gräfin ist für italienische Begriffe unter allen Umständen eine komische Figur, die geprellte Gattin, der nach echter Buffoanschauung völlig Recht geschieht, wenn sie möglichst schlecht behandelt wird. Auch dieser Figur hat Mozart die verzerrende Maske abgerissen und eine echt Mozartsche, von blühendstem Leben erfüllte Frauengestalt geschaffen. Auch über ihr schwebt, wie über allen ihren Standesgenossinnen, ein Schimmer von Koketterie und Lebenslust, und doch ist das Grundgefühl ihres Wesens die tiefe und echte Liebe zu ihrem Gatten, die sich auf die Dauer als stärker erweist, als dessen ganze flackernde Leidenschaft. Wie immer bei Mozart, mit Ausnahme der „Zauberflöte", so behält auch im „Figaro" zum Schlusse nicht die Moral, sondern das stärkere Gefühl den Sieg.

Cherubin endlich, der dritte Vertreter der vornehmen Welt, zeigt sich in seinem tollen Übermut ebenfalls als junger Graf, aber auch aus ihm lockt der Liebesdrang das rein Menschliche hervor, die im jungen Herzen halb unbewußt erwachende Liebe in all ihrer süßen Qual, aber auch in ihrer ganzen drolligen Ziellosigkeit. Er hat überhaupt kein italienisches Seitenstück und ist eine der genialsten Gestalten, die je für die Bühne geschaffen wurden.

F i g a r o wäre bei den Italienern der mit allen Wassern gewaschene, niemals verlegene Kammerdiener gewesen, der richtige Träger der Überlegenheit des niederen Volkes über die Vornehmen. Auch der Mozartsche ist ein geweckter Sohn des Volkes und hat auch gewiß das Herz am rechten Fleck. Aber auch er hat vom Schicksal noch einen besonderen, gegensätzlichen Charakterzug mitbekommen, nämlich eine gewisse Schwerblütigkeit, ja Grämlichkeit, die ihm das Leben mitunter recht sauer macht. Ihm wird der Sieg nicht so leicht wie seinen italienischen Kollegen, bei denen der Typus des „verfluchten Kerls" alle rein menschlichen Züge zurückdrängt.

Und wie beim gräflichen Paar, so ist auch hier der weibliche Teil, S u s a n n e, von Anfang an der innerlich stärkere. Mit allen sinnlichen Reizen voll erblühter Weiblichkeit ausgestattet und sich dieser ihrer Macht auch voll bewußt, verliert sie doch niemals die Gewalt über sich selbst und bleibt Herrin der Lage, weit mehr als ihr Figaro, der von ihr zumeist die Anregung zu seinem Handeln empfängt. Diese Überlegenheit ist aber nicht die der gerissenen italienischen Kammerzofen mit ihrer von keinerlei Skrupel belasteten Lust an der tollen Intrige, sondern sie quillt aus einer durch und durch gesunden und ihrer selbst sicheren Natur heraus, über die der ganze Schimmer der weiblichen Anmut ausgegossen ist; von der kalten Selbstgerechtigkeit ihrer italienischen Genossinnen trägt sie keine Spur an sich.

Die Nebenfiguren nähern sich, wenn auch in gemäßigter Form, noch am meisten dem Buffostil, soweit sie solistisch hervortreten; in den Ensemblesätzen fügen sie sich dagegen dem von Mozart für diese Gattung geschaffenen Stil sinngemäß ein.

Von jeher hat diese Mozartsche E n s e m b l e k u n s t mit Recht als die Krone seines Opernschaffens gegolten. So Großes die Italiener, namentlich L o g r o s c i n o, P i c i n n i, G a l u p p i und P a i s i e l l o hierin bereits geleistet hatten, Mozart überragt sie doch alle um Haupteslänge, weil er die hier gegebenen psychologischen Möglichkeiten erstmals voll ausgenützt, ja zum Teil überhaupt erst erkannt hat. Die Italiener strebten in diesen Finales vor allem nach einer möglichst tollen Situationskomik, einer sich bis zum Unmöglichen zuspitzenden, spannenden Handlung, und deshalb war ihnen auch musikalisch vor allem Abwechslung und wirkungsvolle Klanggruppierung die Hauptsache; die Charakterisierung der einzelnen Personen trat dem gegenüber zurück. Mozart dagegen, dem es vor allem um die Schöpfung lebendiger, individueller Charaktere zu tun ist, verliert dieses Ziel auch in den Ensembles und Finales niemals aus dem Auge. Auch im kunstvollsten Satze singt bei ihm jeder Teilnehmer genau seinem Wesen gemäß, gleichsam als ob er allein auf der Bühne stünde. Gewiß bilden sich auch bei ihm mitunter Gruppen, aber niemals aus rein musikalischen Rücksichten, sondern nur wenn die dramatische Situation einzelne Personen zu einer Gemeinschaft der Interessen zusammenschließt, und sie zerstreuen sich auch sofort wieder, wenn diese Gemeinschaft aufhört. Damit erreicht Mozart, was überhaupt in keiner andern Kunst möglich ist: er gibt die Bewegungen wieder, die eine und dieselbe gegebene Situation gleichzeitig in verschiedenen Persönlichkeiten hervorruft; die Charaktere entfalten sich im unmittelbaren Wechselspiel miteinander. Daß diese dramatische Polyphonie trotz höchster Kunst aber stets den Eindruck eines heiteren Spiels macht und zudem jederzeit jene schon erwähnte echt Mozartsche Ironie erkennen läßt, ist eine der höchsten Leistungen seines Genius. Zum großen Teil beruht sie darauf, daß er mit untrüglichem Blick sofort den musikalischen Gehalt einer jeden Situation herausgreift und mit echt musikalischen Mitteln, ohne seiner Kunst jemals Gewalt anzutun, abwandelt und erschöpft. So teilt er sein zweites Figaro-Finale in sieben große Bilder ein, von denen jedes durch das Hinzukommen einer neuen Person wieder einen neuen Affekt erhält. Jeder dieser Affekte äußert sich sofort in heftigster Erregung, die sich bis zum Schluß steigert und keine Beruhigung findet; jedes Mal stehen die Beteiligten vor einer neuen Krise, die von jedem einzelnen die höchste seelische Anspannung erfordert. Das beredte und durchaus selbständig geführte Orchester sorgt mit seinen charakteristischen Motiven dafür, daß die Aufregung beständig im Fluß erhalten bleibt. Die Form wird in diesen Sätzen mit unerhörter Freiheit behandelt. Bald schimmert die zwei- oder dreiteilige Form, bald das Rondo hindurch, aber ohne jeden Schematismus. Einzelne Formglieder werden vertauscht, sehr viele treiben mit wunderbarer Selbstverständlichkeit ganz neue Bildungen hervor, und doch hat der Hörer niemals den Eindruck uneinheitlichen Zerflatterns der Form, sondern empfindet jeden dieser Sätze auch formal als ein geschlossenes Ganzes, weil der Komponist niemals auf Nebendinge abschweift, sondern stets den Blick auf das Ganze gerichtet hält.

Wie die einzelnen Abschnitte, so wirkt aber auch das ganze Finale als eine geschlossene Einheit. Das lehrt im Finale des 2. Aktes allein schon die Tonartenfolge:

$$Es - B - G - C - F - B - Es$$

Die beiden Außentonarten entsprechen sich in Spiegelform. Ein Bruch scheint mit dem G-Dur, dem Auftreten Figaros, einzutreten, der tatsächlich in aller Ahnungslosigkeit die Hauptkrise einleitet. Aber G-Dur ist als Durtonart von G-Moll mit B-Dur verbunden, und man geht die Tonartenfolge, je größer die Spannung wird, einfach dominantisch nach Es-Dur zurück. Ganz ähnlich ist die Anlage des letzten Finales:

$$D - G - Es - B - G - D$$

Auch hier entsprechen sich die Ecksatzpaare in Spiegelform, während der Hauptknoten des Finales, das Spiel zwischen Susanne und Figaro und dann das zwischen beiden und dem Grafen, zunächst nach der für solche Verwicklungen bei Mozart sehr beliebten Tonart Es-Dur und dann weiter nach G-Dur ausbiegt. Man erkennt aus diesen Finales und ihrer Tonartenwahl deutlich, wie Mozart gar nicht anders konnte als mit rein musikalischen Kräften

und Gesetzen arbeiten. Das Primäre ist bei ihm stets die Musik; von außermusikalischen Kräften läßt sich sein Schaffen niemals anregen. Das kommt erst in der Romantik auf.

Derselbe urmusikalische Sinn zeigt sich aber auch in der Tonartenreihe der ganzen Akte. Während die Ouvertüre, wie stets bei Mozart, in der Schlußtonart der Oper, D-Dur, steht, beginnt der erste Akt subdominantisch mit dem Komplex des Brautpaares (Nr. 1—3) in zunehmender Trübung (G-, B-, F-Dur); von ihm hebt sich die Handlung der beiden Sekundarier Bartolo und Marzelline (4, 5) mit ihren hellen Kreuztonarten D- und A-Dur gegensätzlich und doch tonartlich vermittelt ab. Dann aber folgt mit dem schärfsten Einschnitt, den es überhaupt gibt, von A- nach dem tritonusverwandten Es-Dur, auf das heitere Buffospiel das Eingreifen der vornehmen Welt, mit dem der Buffostil auch sofort der vollbürtigen Charakterkunst Mozarts weicht. Zunächst ist es der seiner jugendlichen Gefühle noch gar nicht mächtige junge Aristokrat Cherubin (6), gleich darauf aber tritt in dem Cherubins Kavatine tonartlich eng verbundenen Terzett (7) in B-Dur der Graf selbst auf. Das Terzett beschließt den neuen Zweierkomplex. Der nächste (8, 9) mildert mit seinem G-

und C-Dur die Tonartenspannung wieder, schließt aber doch den Akt unterdominantisch zu seinem Anfang ab und eröffnet so die Spannung auf den folgenden. Wir erhalten so folgendes Bild.

I.			II.	
G	B	F	D	A
Fig. S.	Fig. S.	Fig.	Bart.	S. Marz.

III.			IV.	
Es	B		G	C
Cher.	Gf. S. Bas.		Chor	Fig.

Es sind vier dem Gang der Handlung genau entsprechende tonartliche Komplexe, deren größter Einschnitt genau in der Mitte liegt. Man beachte, daß sich das Dominantverhältnis von II (D-A), in III (Es-B) genau einen halben Ton höher wiederholt. Symmetrie herrscht auf der ganzen Linie, nur daß I aus drei Stücken statt aus zwei besteht; freilich vertritt das erste die Stelle der „introduzione" in der alten opera buffa, die eine bestimmte, zur Einführung in die Handlung geeignete, aber ihr nicht unmittelbar angehörende Situation behandelte und deshalb häufig sogar nicht mitgezählt wurde.
Die Folge des 2. Aktes lautet:

I.	
Es	B
Gfn.	Cher.

II.			III
G	C	G	Es
Sus.	Gf. Gfn. Sus.	Sus. Chor	Fin.

Er ist tonal völlig geschlossen, außerdem zeigt sich, daß seine ersten vier Tonarten genau den ersten vier seines Finales entsprechen; im Finale geht der Weg von C- nach Es-Dur über F und B zurück, der Akt schiebt nur ein G-Durstück (14) ein, das in deutlicher Beziehung zu Nr. 12 steht und von ihm durch das Terzett (13) getrennt wird. Tonartlich gehören alle drei zu einer Gruppe (II) zusammen, ebenso wie die beiden ersten Stücke (10, 11); das Finale ist ein Komplex für sich. Die Abgrenzung der drei Tonartenkreise entspricht völlig dem Gang der Handlung; Cherubins tolle Maskerade mit ihren Begleiterscheinungen in der Mitte in G-Dur, auf den Flanken die dunkeln B-Tonarten, vor allem Es-Dur, am Anfang noch die italienische Tonart des Liebesgottes, am Schluß aber die Tonart des dunkeln Schicksals, das über allen Beteiligten hängt. Die Beziehung zu der großen Es-Durspannung im 1. Akt ist ganz klar, sie wird hier auf einen ganzen Akt erweitert. Der dritte aber bringt gleich am Anfang jenen Tritonussprung Es-A, den wir umgekehrt gleichfalls in der Mitte des ersten antrafen; wieder beginnt eine völlig neue Hand-

XX

lung, die, wie sich schon aus den Tonarten ergibt, nach den schweren vorangegangenen Krisen wieder in heitere Bahnen einlenkt. Die Tonarten sind:

a A	D	F	C	B
Sus. Gf.	Gf.	Sextett	Gfn.	Gfn. Sus.
G	C	C	a	C
Chor	Marsch	Chor	Ballett	Chor

Auch hier besteht zwischen Anfang und Schluß, A-Moll (das im Fandango wiederkehrt) und C-Dur, ein Gleichgewicht. Da die Hochzeitsszene im Grunde nur aus zwei Tonarten besteht, können wir das Schema vereinfachen.

aA	D	F	C	B	G—C
S. Gf.	Gf.	Sext.	Gfn.	Gfn.	S. Hochzeit

In der Mitte steht die Arie der Gräfin (19), deren C-Dur zugleich Anfang und Schluß des Aktes bestimmt. Flankiert wird es von den beiden Subdominanten F und B, und von diesen geht es ganz symmetrisch nach beiden Seiten auseinander, zuerst eine kleine Terz (F D und B G), dann eine Quart abwärts (D A und G C) — man erkennt auch hier die geniale Symmetrie. Das schicksalsschwere Es-Dur ist verschwunden, dagegen taucht erstmals die Grundtonart D-Dur wieder auf, sogar emphatisch von ihrer Dominante A-Dur eingeführt.

Der in seinen beiden ersten Dritteln schon textlich weit weni-

ger gelungene v i e r t e A k t enthält auch musikalisch einige Lückenbüßer (25, 26), die nur den Akt „strecken" sollen; erst mit der Arie Figaros (27) kommt die Handlung wieder in Schwung. So ist auch die Tonartenreihe nicht von jenem sinnvollen Herauswachsen der Musik aus der Handlung eingegeben:

I		II			III	
F	G	B	Es	F		D
Bärbch.	Marz.	Bas.	Fig.	Sus.		Fin.

In sich geschlossen ist nur der Komplex II, der abermals in einem Es-Durstück (27) gipfelt und sich in der Gartenarie (28) entspannt; ihr F-Dur ist zugleich durch Bärbchens F-Moll vorbereitet, das ja auch mit dem D-Dur des Finales in tonaler Beziehung steht, dagegen fällt Marzellines G-Dur (25) ziemlich aus dem Rahmen, es sei denn, man faßte es ebenfalls im Zusammenhang mit dem D-Dur des Schlusses auf.

Wir haben somit in der ganzen Oper einen starken Zug zur Unterdominante: Ouvertüre D, 1. Akt G—C, 2. Akt Es—Es, 3. Akt a—C, 4. Akt f—D. Im 2. ist die weiteste Entfernung erreicht, im 3. folgt mit dem schon im 1. vorgebildeten Tritonussprung die Rückwendung. Es wiederholt sich also in der Oper im ganzen, was wir in den einzelnen Akten beobachten konnten, das Verhältnis von Anschwung, Höhepunkt und Abschwung. Die beiden tonal scharf geschiedenen Mittelakte haben in sich tonales Gleichgewicht, der erste strebt nach der Subdominantsphäre hin, der vierte aus ihr heraus. Alles ist mit vollendeter Symmetrie gestaltet.

Eine weitere neue und starke Seite der Oper ist die O r c h e s t e r b e h a n d l u n g . Italienisch ist daran die Besetzung und der ganze schmiegsame Satz mit den kleinen kichernden Motiven und Randzeichnungen. Aber auch hier dringt Mozart weit über das geistvolle Spiel ins Psychologische vor. Ein Ritornell wie z. B. das der Kavatine der Gräfin mit seiner bewegten und doch so zart verschleierten Leidenschaft hat bei den Italienern überhaupt nicht seinesgleichen, so wenig wie das schwellende Klarinettenthema, aus dem die Erinnerung an so viel selige Stunden spricht. Gerade den Bläsern hat ja Mozart eine bei den älteren Buffonisten gänzlich unbekannte Ausdrucksgewalt verliehen. Bald künden sie die geheimsten Herzensregungen einer Person und färben ihr Charakterbild mit individuellen Zügen, bald setzen sie eine ganze Situation in ein anderes Licht, wobei Mozart häufig seiner Ironie die Zügel schießen und die Zöpfchen sehen läßt, die selbst seinen hochmögenden Figuren hinten hangen. Ein Meisterstück Mozartscher Bläserbehandlung ist Cherubins „Voi che sapete" im 2. Akt. Die Streicher geben den Guitarrenklang der Kanzone wieder, die Bläser aber künden die mühsam zurückgehaltene Gefühlswelt des Knaben, dem da wieder einmal ein neuer Stern an seinem Liebeshimmel aufgegangen ist. Sie erhalten gar keine vollentwickelten Melodien, sondern nur die Konturen oder Fragmente von solchen, schwellende Seufzer während der Zäsuren des Gesanges oder gar schalkhafte Figuren, die sich über den guten Jungen leise lustig zu machen scheinen. Die Art aber, wie diese Aufgabe auf Flöte, Oboe, Klarinette, Fagott und Hörner verteilt ist, wie sich die Instrumente trennen und ablösen und dann wieder zu Gruppen zusammenschließen, verrät ein Klanggenie ersten Ranges. Ein ähnliches Stück ist Susannes Arie „Venite inginocchiatevi" (Nr. 12), wo die Bläser mit ihrer oft zum Greifen deutlichen Sprache die ganze schalkhafte Laune Susannes zum Ausdruck bringen. Alles kommt in dieser entzückenden Lustspielsituation zu seinem Recht, sogar die sinnliche Wallung Susannes selbst, denn auch ihr gefällt der junge Mann zusehends besser. Noch einmal hat es das Orchester mit Cherubin zu tun, in der berühmten Arie Figaros

„Non più andrai" am Schluß des 1. Aktes, einem Absenker der „Militärarien" der opera buffa, die das Kriegshandwerk mehr oder minder grotesk aufs Korn nehmen. Leider ist diese Arie in den deutschen Übersetzungen meist arg entstellt. Denn ihr erster Text weiß noch gar nichts vom Krieg, sondern zeichnet nur das Bild eines jungen adligen Stutzers, mit dem Figaro dem Pagen einen Spiegel seines bisherigen Wesens vorhält. Erst bei „Tra guerrieri poffar Bacco" beschwört er den schrecklichen Kriegssturm herauf, nicht ohne eine köstliche Anspielung auf den leeren Geldbeutel des Soldaten. Dann aber zieht in den Bläsern, vorerst piano, eine wirkliche Militärbanda auf, in deren Klänge Figaro seine Fanfaren hineinschmettert. Sie kehrt am Schlusse, diesmal mit Pauken und Trompeten, wieder, und wie Figaro geendet hat, bricht das ganze Orchester mit jener Marschweise fortissimo los. Ein Zug von überwältigender Komik: Figaro kann an dem jungen Aristokraten einmal so recht nach Herzenslust sein Mütchen kühlen, Cherubin aber, dem es um alles eher zu tun ist als um „vittoria" und „gloria militar", wird durch diese fürchterlichen Kampfrufe des Orchesters vollends um alle Fassung gebracht.

Es gibt in der ganzen Oper kein Stück, in dem nicht dem Orchester irgend welcher bedeutungsvolle, selbständige Anteil an der Wiedergabe des Ganzen zufiele. Die äußere Tonmalerei verschmäht Mozart gewiß nicht, bedient sich ihrer aber im Vergleich mit den Italienern mit großer Zurückhaltung. Die Hauptsache bleibt ihm stets das innere Geschehen, und hier hat er nicht bloß die Italiener geschlagen, die auf diese Charakterkunst gegenüber der Situationskomik weit weniger Wert legten, sondern mit seiner psychologischen Orchesterbehandlung eine Bahn eröffnet, auf der die folgende Opernkomposition mit großem Erfolge weiter geschritten ist.

Auch die Ouvertüre geht ihre eigenen Pfade. Diese meist nach Vollendung der ganzen übrigen Oper geschriebenen Stücke dienen Mozart in seinen reifen Werken dazu, seiner Auffassung von seinen Stoffen noch einmal einen kurzen Ausdruck zu geben, der ihm am geeignetsten erscheint, den Hörer auf die Oper vorzubereiten. Von dem Gange der folgenden Handlung verrät uns Mozart nie etwas, auch da nicht, wo er, wie z. B. im „Don Giovanni", einzelne Themen der Oper selbst entnimmt. Die Figaroouvertüre ist thematisch völlig selbständig, aber auch sie darf man ja nicht mit Einzelheiten des Werkes selbst in Beziehung bringen. Auch mit dem Untertitel von B e a u m a r c h a i s Figaro „la folle journée" hat sie wenig zu tun, denn nicht um Tollheit handelt es sich hier, sondern um die Entfesselung eines unbändigen heiteren Lebensdranges, einer Daseinsfreude, wie sie hinreißender nicht zu denken ist. Bewegung in der höchsten Potenz, also abermal ein urmusikalisches Phänomen, das ist die Seele des Stückes. Wie von ungefähr huscht sie in dem berühmten Siebentakter des Anfangs daher und führt dann vermittelst sogenannter durchbrochener Arbeit in den Bläsern zu einer glanzvollen Entfaltung der D-Durharmonie, die bis zu der entscheidenden Wendung nach der Dominante in breiten Orgelpunkten den Platz behauptet. Dann beginnt, wie ein Concertino im alten Konzert eingeführt, das Seitenthema in A-Dur, dessen Unterstimmen

den seit Takt 32 ff. vorherrschenden melodischen Zug nach abwärts aufnehmen; die ersten Geigen halten ihm mit einem kapriziösen echten Lustspielmotiv Widerpart. Aber der elementare Lebens- und Schöpfertrieb läßt sich an diesem kurzen Seitenthema trotz seiner

Wiederholung nicht genügen, sondern wirft noch einen Komplex von 48 Takten empor, der bei all seiner Vielgestaltigkeit doch eine wundervolle Einheit der Stimmung offenbart. Seine Grundtonart ist A-Dur. Hinter den Forteschlägen seines Beginns mit folgendem piano mag man die Sforzati des Seitenthemas wieder erkennen, hinter dem Pianomotiv

die vorhergehende Bläserfigur

die Linie

aber verkürzt sich im Baß zu dem neuen A-Dur-Thema,

dessen zuerst in königlicher Pracht einherstolzierende Gestalt schließlich bei jener unvergleichlichen Fagottstelle in mürrischer Komik auf A-Moll endet. Aber unter der Hand wird dieses Moll wieder zu Dur, und nun schaukelt in jener echt Mozartschen A-Durmelodie, der weiträumigsten der ganzen Ouvertüre, die Lebensfreude in ihrer sonnigsten und naivsten Gestalt heran und beschließt die Fülle der Erscheinungen in dieser Themengruppe. Einen langsamen Siciliano, der ursprünglich nunmehr folgen sollte, strich Mozart nach dem ersten Takt, er wurde von der Flut des Prestos einfach weggeschwemmt. Aber auch für eine regelrechte Durchführung war in diesem Stück kein Raum; fünfzehn Takte einfachster Rückleitung, zum Schluß thematisch gehalten, genügten vollständig. Die Reprise ist variiert und von 124 Takten auf 97 verkürzt. Ihr folgt nun aber eine Coda von 58 Takten, die zunächst mittels eines echten „Mannheimer" Crescendos die Heiterkeit bis zum bacchantischen Höhepunkt treibt. Der Gewalt des Anschwungs entspricht die Entladung, die mit vordem nur flüchtig berührten Themen und Motiven und mit den einfachsten harmonischen Mitteln die leuchtende Grundtonart D-Dur fast unersättlich auskostet.

So ist diese Figaroouvertüre im höchsten Maße frei und dabei doch an ihr Gesetz gebunden, vielgestaltig und dabei doch einheitlich, das Ergebnis eines gewaltigen Schöpferdranges, der den Komponisten selbst mit sich fortriß. Bis auf den heutigen Tag empfindet aber auch der Hörer, daß von diesem schöpferischen Strom auch auf ihn etwas übergeht; er wird nicht bloß unterhalten, sondern zur Aktivität dem Kunstwerk gegenüber veranlaßt. Der Meister führt ihn gewissermaßen an die Quelle, aus der die ganze folgende Schöpfung geflossen ist. Das war unendlich mehr als die italienischen Buffosinfonien zu geben vermochten, es war verklärter, echter Komödienton, und tatsächlich ist diese Figaroouvertüre bis heute als Lustspielouvertüre niemals wieder erreicht worden.

Bemerkt mag schließlich noch werden, daß die autographe Partitur an manchen Stellen von der heute an unsern Bühnen üblichen Fassung mehr oder minder erheblich abweicht, und zwar handelt es sich nicht um Schreib- oder Flüchtigkeitsfehler, sondern um Abweichungen, die den Kern der Sache angehen. Sie seien unsern Dirigenten aufs angelegentlichste empfohlen. Im allgemeinen verweise ich auf den von Herrn Dr. R. Gerber verfaßten Revisionsbericht.

REVISIONSBERICHT

Die Revision wurde an der Partitur der Ges.-Ausg. (Serie 5, Nr. 17) vorgenommen. Dabei stellte sich eine Reihe von Abweichungen vom Autograph heraus, die das Aussehen einiger Stellen von Grund aus ändern. Auf diese wird in dem folgenden Teil A des R. B. als prinzipielle Abweichungen ausdrücklich verwiesen, o b w o h l sie in unsere Neuausgabe mit aufgenommen worden sind. N i c h t angemerkt werden diejenigen wesentlichen Abweichungen, die sich nur auf die Änderung von Noten oder Zeichen erstrecken, deren Fassung im Autograph ohne weitere Erwähnung in diese Ausgabe hineinkorrigiert wurde. Als Teil B des R. B. folgen der Vollständigkeit halber die offenbaren Schreibfehler des Autographs, die als solche natürlich nicht mit in die Neuausgabe aufgenommen worden sind.

A.

S. 110 Syst. 1 T. 1/2 lautet textlich und musikalisch im Autograph anders als in der Ges.-Ausg.

S. 192 „ 1/2 Der ariose Satz „Se vuol ballare" des Figaro steht hier ohne Instrumente, lediglich mit Cembalo. Dagegen sind die darüber liegenden Systeme offen gelassen, so daß vielleicht anzunehmen ist, Mozart habe die Instrumente vergessen einzutragen.

Die hauptsächlichsten Abweichungen der neueren Ausgaben vom Autograph ergaben sich im Terzett des 2. Aktes (Susanne, Gräfin und Graf). Und zwar handelt es sich hier um folgende Stellen:

S. 231 Syst. 2 T. 3 bis S. 232 Syst. 2 T. 2
S. 236 „ 2 T. 4/5 „ S. 237 „ 1 T. 2
S. 237 „ 2 T. 2—4 „ S. 239 „ 2 T. 1
S. 240 „ 1 T. 2 „ Syst. 2 T. 3
S. 241 „ 2 T. 1—4.

Mozart liebt es, in kleineren Ensemblesätzen die jeweils höchste Gesangsstimme auf dem obersten System zu notieren. So steht S. 231

Syst. 1 T. 2 ff. die die Partie der Suṡanne (als höchste Stimme) auf dem obersten System, obwohl in der Anordnung der Personen zu Beginn des Terzetts die Gräfin über die Susanne zu stehen kommt. In den oben angemerkten Takten nun liegt im Autograph stets die höhere der beiden Frauenstimmen oben. Dieses beliebige Vertauschen der Stimmen hat aber Mozart in diesen Fällen vergessen anzuzeigen, sodaß Rietz (in der Ges. Ausg.) nach T. 1 auf S. 231 Syst. 2 (sowie an den übrigen Stellen) die oberste Stimme für die Susanne in Anspruch nimmt, obwohl der T e x t jener der Gräfin ist. Demnach singt die Gräfin in diesem Terzett die höhere Sopranpartie (mit den Koloraturen!), während Susanne mehr in den Hintergrund tritt.

S. 244 Syst. 3 T. 3 bis S. 245 Syst. 1 T. 3 fehlt in der Ges. Ausg.

S. 246 „ 2 T. 3 „ Syst. 3 T. 2 fehlt in der Ges. Ausg., dgl.

S. 247 „ 2 T. 3 „ „ 3 T. 3.

(Rietz weist im Anhang der Ges. Ausg. darauf hin, glaubt aber annehmen zu müssen, daß diese Kürzung von Mozart selber herrühre. Da sich diese Annahme jedoch nicht belegen läßt, wurde in diese Neuausgabe die Fassung der Originalpartitur aufgenommen.)

S. 447 Die Tempovorzeichnung des Sextetts lautet A n d a n t e, nicht Allegro moderato.

S. 483 Nach dem Secco folgt die Anmerkung: segue l'Arietta di Cherubino e dopo l'Arietta di Cherubino viene Scena 7ma (= 8. Szene) ch'è un recitativo istromentato con Aria della Contessa. (Diese Arietta des Cherubino fehlt aber im Autograph.)

S. 558 Die Cavatina hat keine Tempovorzeichnung. Ferner ist — vermutlich von fremder Hand — ein Dal segno al fine eingezeichnet von S. 558 Syst. 2 T. 5, 4. Achtel bis S. 559 Syst. 3 T. 1, 3. Achtel.

S. 622 fehlt das Secco (Figaro, Gräfin und Cherubino).

B.

S.	1		Sinfonie statt Ouvertüre.
S.	1	Syst. 1 T. 4	fehlt ♮ vor dem 7. Achtel in der 1. Viol.
S.	4	„ 1 T. 5	fehlt forte auf dem 1. Viertel in Flöte, Oboe, Klarin., 1. und 2. Viol.
S.	7	„ 2 T. 1	cis statt c in der 2. Viol.
S.	7	„ 2 T. 6	fehlt forte in allen Bläsern.
S.	8	„ 1 T. 7	fehlt ⌢ Bogen in der 2. Klarin.
S.	9	„ 2 T. 1	fehlt ♮ beim Triller der 1. Viol.

S. 10	Syst. 2	T. 1	fehlt forte in Trompeten und Pauken.
S. 13	„ 2	T. 5	fehlt ⌢ Bogen in der Flöte.
S. 13	„ 2	T. 6	fehlt forte in Trompeten und Pauken, dgl. S. 15 Syst. 2 T. 2, 4, 6 u. S. 16 Syst. 1 T. 1.
S. 15	„ 1	T. 2	ganze Pause statt a” in der 1. Viol.
S. 15	„ 2	T. 1	fehlt in den Fagotten nach dem Tenorschlüssel die Setzung des Baßschlüssels.
S. 17	„ 2	T. 4	lautet 𝄽𝅘𝅥𝅯(♮ und ⌢ Bogen fehlen in der 1. Viol.).
S. 18	„ 3	T. 6	piano in den Fagotten.
S. 19	„ 2	T. 4	fehlt forte in Trompeten und Pauken.
S. 20	„ 2	T. 4	fehlt ⌢ Bogen auf der Trillernote in sämtlichen Streichern, dgl. S. 21 Syst. 2 T. 5 u. S. 22 Syst. 1 T. 2.
S. 23	„ 2	T. 3	fehlt crescendo in Viola.
S. 24	„ 1	T. 3	fehlen sämtliche ⌢ Bögen in Flöte und Oboe.
S. 24	„ 1	T. 2	fehlt ⌢ Bogen in der 2. Ob.
S. 27	„ 1	T. 2	fehlen sämtliche ⌢ Bögen in der Stimme der Susanne, dgl. T. 4, 1. Hälfte.
S. 30	„ 1	T. 2	fehlt forte in allen Bläsern.
S. 30	„ 1	T. 3 u.	
	„ 2	T. 2	fehlen ⌢ Bögen in der Stimme des Figaro.
S. 31	„ 1	T. 2 u.	
	„ 2	T. 1, 4	fehlen ⌢ Bögen in der Stimme der Susanne.
S. 32	„	1/2	fehlen in den beiden Gesangsstimmen sämtliche Bögen.
S. 33	„ 1	T. 1	fehlt in Fag. der ⌢ Bogen, dgl. T. 2/3 und Syst. 2 T. 1—3 im 2. Fag., sowie Syst. 1 T. 3 und Syst. 2 T. 2, 2. Hälfte im 1. Fag.
S. 34	„ 1	T. 3	fehlt piano in den Oboen.
S. 40	„ ‘1	T. 2	fehlt in der 2. Viol. ♮ vor e’ ebenso Syst. 2 T. 1.
S. 45	„ 1	T. 5	fehlt Piano in der 1. und 2. Viol., Viola.
S. 45	„ 1	T. 5	fehlt colla parte in den Bässen.
S. 45	„ 2	T. 7/8 u.	
S. 46	„ 1	T. 1	fehlt ⌢ Bogen im 1. Fag.
S. 48	„ 1	T. 5	fehlt. ♮ vor a” in der Flöte.
S. 48	„ 1	T. 4	fehlt piano in der 1. und 2. Viol. und Viola.
S. 48	„ 2	T. 7	fehlt ⌢ Bogen in der Stimme der Susanne.
S. 49	„ 1	T. 5 u.	
	„ 2	T. 1	fehlt ⌢ Bogen in der Stimme des Figaro.
S. 49	„ 2	T. 5	fehlt diminuendo in der Viola.

S. 53 Syst. 2 T. 1   fehlt Tempovorzeichnung „Moderato", ebenso Syst. 5 T. 3 „Andante".

S. 55 „   2 T. 6   fehlt ⁀ Bogen in der 2. Viol.

S. 58 „.   2 T 1   fehlt piano in den Hörnern.

S. 59 „   1 T. 4   fehlt piano in Viola und Baß.

S. 59 „   2 T. 6   fehlt piano in Oboen und Hörnern.

S. 59 „   2 T. 6 bis

S. 60 „   1 T. 1/2   fehlt ⁀ Bogen in d. Fag.

S. 60 „   1 T. 8   fehlt forte in Oboen, Fag. und Hörnern.

S. 62 „   1 T. 3/4   fehlt die Vorzeichnung: Tempo I.

S. 67 „   2 T. 2   fehlt forte in den Pauken.

S. 72 „   2 T. 3/4   fehlt ⁀ Bogen in den Bässen.

S. 73 „   1 T. 5   ♮ vor dem 3. Viertel in d. 1. Oboe und 1. Viol.

S. 74 „   1 T. 2   fehlt ⁀ Bogen in d. 2. Oboe.

S. 77 „   2 T. 2   fehlt ⁀ Bogen in den Hörnern und Trompeten.

S. 77 „   2 T. 6 u.

S. 78   T. 2   fehlt forte in d. Trompeten.

S. 83   Die beiden ersten Takte des Duettinos Nr. 5 sind im Autograph rot durchgestrichen.

S. 86 „   2 T. 3   fehlt ⁀ Bogen im 1. Horn.

S. 89 „   2 T. 3   fehlt piano in Oboen und Fag.

S. 90 „   1 T. 3   fehlt piano in d. Fag.; Syst. 2 T. 1 fehlt forte.

S. 101 „   1 T. 1   fehlt ⁀ Bogen in d. Hörnern.

S. 104 „   1 T. 4   fehlt ⁀ Bogen auf dem 4. Viertel der Singstimme.

S. 107 „   1 T. 1   fehlt ⁀ Bogen in den Hörnern, dgl. S. 109 Syst. 1 T. 3.

S. 107 „   1 T. 2   fehlt ⁀ Bogen in d. Singstimme, dgl. S. 109 Syst. 1 T. 4.

S. 121 „   1 T. 3   forte statt sforzato in d. Flöte.

S. 121 „   1 T. 3   fehlt ⁀ Bogen in d. Hörnern.

S. 123 „   2 T. 3   fehlt piano in d. 2. Viol. u. Viola.

S. 126 „   1 T. 1   fehlt piano in d. 2. Viol. u. Viola.

S. 130 „   1 T. 4   fehlt ⁀ Bogen in d. Klarin.

S. 130 „   2 T. 1   fehlt piano in 2. Viol., Viola und Baß, dgl. S. 129 T. 5 u. S. 130 Syst. 1 T. 4 in d. Oboen.

S. 131 „   1 T. 3, 4, 5

bis „   2 T. 1, 2   fehlt ⁀ Bogen in d. Fag.

S. 138 „   2 T. 3   fehlt ⁀ Bogen im 2. Fag.

S. 142 „   2 T. 2   fehlt ⁀ Bogen im 1. Fag., dgl. S. 143 Syst. 1 T. 3/4.

S. 148	Syst.	1 T. 1	fehlt in allen Stimmen forte, dgl. S. 151 Syst. 1 T. 1 in allen Instrumentalstimmen.
S. 148	„	1 T. 1	fehlt in d. 1. und 2. Viol und Flöte der ⌒ Bogen auf dem 3. und 6. Achtel, ebenso T. 2 auf dem 3. Achtel, dgl. S. 149 Syst. 1 T. 1 a. d. 3. u. 6. Achtel, ebenso T. 2 a. d. 3. Achtel, ferner S. 151 Syst. 1 T. 1 u. 4 a. d. 3. u. 6. Achtel u. T. 2 u. Syst. 2 T. 1 a. d. 3. Achtel.
S. 149	„	1 T. 1	fehlt forte in den Singstimmen.
S. 150	„	1 T. 3	fehlt ⌒ Bogen in d. Bässen u. Fag.

(Die Bemerkungen für die Instrumentalstimmen der Seiten 148 bis 152 gelten auch für die der Seiten 155 bis 158.)

S. 155	Syst.	1 T. 1	fehlt forte in den Chorstimmen, dgl. S. 157 Syst. 1 T. 1.
S. 163	„	2 T. 1	fehlt piano in Viola.
S. 164	„	2 T. 1—3	fehlt in d. Oboen d. ⌒ Bogen.
S. 164	„	2 T. 3	fehlt crescendo in d. Viola und S. 165 Syst. 1 T. 1 forte.
S. 165	„	2 T. 3	fehlt ⌒ Bogen in Fag. u. 1. Horn.
S. 168	„	1 T. 3	fehlt in allen Stimmen forte.
S. 170	„	2 T. 3	fehlt forte in Trompeten u. Pauken.
S. 176	„	1 T. 2	fehlt piano in Flöte, Oboe, Fag. u. Hörnern.
S. 182	„	1 T. 5 u.	
	„	2 T. 1, 4, 5	fehlen ⌒ Bögen i. d. Singstimme, dgl. S. 184 Syst. 1 T. 1, 2, 3.
S. 197	„	1 T. 3	fehlt ⌒ Bogen i. d. Singstimme, dgl. Syst. 2 T. 2.
S. 214	„	2 T. 1	lautet d. 2. Fag. rhythmisch: ♪₇
S. 227	„	1 T. 1	fehlt forte in Oboen und Hörnern ibidem in d. Oboen ⌒ Bogen a. d. 3. Viertel.
S. 227	„	1 T. 5	fehlt forte in Oboen und Hörnern.
S. 231	„	2 T. 3	fehlt i. d. Hörnern forte a. d. 1. Viertel.
S. 234	„	1 T. 2	fehlt ⌒ Bogen a. d. 3. Viertel d. Oboen.
S. 234	„	2 T. 1	fehlt forte i. d. Hörnern.
S. 236	„	1 T. 2/3	fehlt ⌒ Bogen i. d. Viola.
S. 236	„	2 T. 3	fehlt piano i. d. Stimme d. Grafen.
S. 238	„	2 T. 4	fehlt ⌒ Bogen i. d. Bässen, dgl. S. 240 Syst. 1 T. 4.
S. 242	„	6 T. 1	im Autograph fälschlicherweise. ♪♪ ₇ ♪♪♪ ♪♪

S. 243 Syst. 1 T. 2   im Autograph fälschlicherweise ♪ ♪♪♪♪♪ ♪♩ ⅞ ♪♪

S. 243 „ 4 T. 2   im Autograph fälschlicherweise ♩ ⅞ ♪♪♪ ♪♪⅞

S. 249 „ 3 T. 2   singt Susanne (nach „demonietto")

io cre-do oh'abbia un fol-let--to nel ventre

was aber rot durchgestrichen ist. Außerdem lautete der Baß hier g und nicht h.

S. 253 Syst. 1 T. 3   fehlt ♮ vor dem 7. Achtel der 1. Viol.

S. 253 „ 1 T. 1—4   fehlen ⌢ Bögen i. d. Stimme der Gräfin.

S. 257 „ 1 T. 3   fehlt forte in Klarin., Fag. u. Hörnern.

S. 261 „ 1 T. 5   fehlt ♮ vor dem 1. Viertel i. d. 2. Klarin.

S. 261 „ 2 T. 1   fehlt forte in Flöten, Klarin. u. Hörnern.

S. 262 „ 1 T. 1   fehlt ⌢ Bogen a. d. 2. Viertel i. d. Stimme der Gräfin, dgl. Syst. 2 T. 1 u. S. 264 Syst 1 T. 2 sowie Syst. 2 T. 2.

S. 267 „ 2 T. 4, 6 u.

S. 268 „ 1 T. 2   fehlt ⌢ Bogen i. d. Stimme der Susanne.

S. 269 „ 2 T. 1   fehlt ⌢ Bogen im 1. Fag.

S. 270 „ 2 T. 3   fehlt ⌢ Bogen in beiden Fag.

S. 274 „ 1 T. 3   fehlt ⌢ Bogen in den Flöten.

S. 278 „ 2 T 3/4   fehlt ⌢ Bogen in der 1. Klarin., dgl. S. 280 Syst. 1 T. 2.

S. 279 „ 2 T. 4   fehlt ♭ vor dem a des 2. Fag., dgl. S. 280 Syst. 1 T. 3.

S. 281 „ 1 T. 1   fehlt ⌢ Bogen a. d. letzten Viertel i. d. Stimme d. Gräfin.

S. 281 „ 1 T. 2   fehlt ⌢ Bogen im 1. Fag.

S. 281 „ 2 T. 2   fehlt ⌢ Bogen i. d. Oboen.

S. 281 „ 2 T. 3   fehlt ♭ vor a" i. d. Flöten, vor h' i. d. 2. Klarin., vor a i. d. Fagotten.

S. 282 „ 1 T. 3   fehlt ♭ vor a" i. d. 1. Flöte.

S. 282 „ 2 T. 3   fehlt ♭ vor a und a' i. d. 2. Viol., dgl. S. 283 Syst. 1 T. 1/2 vor a'.

S. 282 „ 2 T. 4   fehlt piano in Viola und Baß.

S. 282 „ 2 T. 4   fehlt ♭ vor a' d. 1. Viol.

S. 283 Syst. 1 T. 3   fehlen .... in allen Bläsern.

S. 284 „ 1 T. 1   fehlt ⌢ Bogen in den Flöten.

S. 284 „ 1 T. 2, 4 u.

„ 2 T. 2   fehlt ♭ vor a' i. d. 1. Viol.

S. 285 „ 1 T. 2   Phrasierung i. d. 1. Viol. 𝄐𝅗 𝄐𝅗 dgl. S. 286 Syst. 1 T. 2.

S. 286 „ 2 T. 2   fehlt forte in allen Bläsern.

S. 286 „ 2 T. 4   fehlt crescendo im Baß, dagegen auf d. 2. Viertel forte.

S. 288 „ 1 T. 5   fehlt ⌢ Bogen i. d. 1. Flöte, dgl. S. 291 T. 2.

S. 288 „ 1 T. 5   fehlt piano i. Fag.

S. 289 „ 1 T. 3   fehlt crescendo i. d. Flöten, dagegen steht hier forte, T. 5 fehlt forte.

S. 290 „ 1 T. 2/3   fehlt ⌢ Bogen i. d. 2. Flöte und i. 2. Fag.

S. 290 „ 1 T. 4   fehlt ⌢ Bogen i. d. Stimme der Gräfin, dagegen steht er i. T. 5.

S. 293 „ 1 T. 1   fehlt forte in allen Stimmen.

S. 295 „ 1 T. 5/6   fehlt ⌢ Bogen in Oboen und Kontrabaß.

S. 298 „ 1 T. 1—5   fehlen ⌢ Bögen in d. 2. Viol. und 2. Viola.

S. 302 „ 1 T. 1/2   fehlt crescendo und forte i. d. Hörnern.

S. 304 „ 1 T. 2   fehlt forte in Flöten und Oboen, dgl. Syst. 2 T. 1 i. d. Hörnern.

S. 307 „ 2 T. 3 u.

S. 308 „ 1 T. 2   fehlt ⌢ Bogen i. d. Hörnern.

S. 309 „ 1 T. 1, 3 fehlt ⌢ Bogen im Cello.

S. 310 „ 1 T. 1   fehlt ⌢ Bogen in Flöten und Oboen, dgl. S. 312 Syst. 1 T. 3.

S. 313 „ 1 T. 2   fehlt ⌢ Bogen i. d. Stimme der Susanne u. d. Gräfin.

S. 316 „ 1 T. 3 u.

S. 317 „ 1 T. 1   fehlt forte in allen Bläsern, S. 315 Syst. 1 T. 4 nur i. d. Fag.

S. 318 „ 1 T. 2/3   fehlt ⌢ Bogen i. d. 2. Viol. und in Viola.

S. 319 „ 1 T. 3   fehlt crescendo in allen Bläsern.

S. 320 „ 1 T. 2   fehlt forte in Fag., dgl. S. 322 Syst. 2 T. 2.

S. 323 „ 1 T. 1, 3 fehlt forte in allen Bläsern, S. 325 Syst. 2 T. 1 i. d. Fag.

S. 330 „ 1 T. 3   fehlt ⌢ Bogen i. d. Flöten.

S. 330 Syst. 1 T. 3 u.
S. 331 „ 1 T. 2   fehlt forte i. d. Fag., dgl. S. 332 Syst. 1 T. 1.
S. 333 „ 2 T. 1   ⌢ Bogen i. d. 1. Viol. über dem ganzen Takt.
S. 334 „ 1 T. 1   fehlt forte i. d. Fag.
S. 336 „ 1 T. 1/2   fehlt ⌢ Bogen i. d. 2. Flöte.
S. 340 „ 2 T. 3/4   fehlt ⌢ Bogen i. d. Flöten, dgl. S. 341 Syst. 2 T. 2—4.
S. 345 „ 1 T. 3   steht forte i. d. Klarin. statt piano crescendo, dgl. i. d. Fag. zu Beginn des Taktes.
S. 345 „ 1 T. 3   2. Hälfte fehlt ⌢ Bogen i. d. Oboen.
S. 345 „ 1 T. 2/3   fehlt ⌢ Bogen im 1. Horn.
S. 345 „ 1 T. 4   fehlt forte in Klarin. u. Fag., in den Klarin. steht ⌢ Bogen nach dem vorangehenden Takt.
S. 347 „ 2 T. 2   fehlt forte i. d. Fag.
S. 354 „ 1 T. 3   fehlt forte in allen Gesangstimmen, sowie T. 4 piano, dgl. S. 355, Syst. 1, T. 1 bzw. 2.
S. 356 „ 1 T. 1   fehlt forte in allen Bläsern.
S. 359 „ 1 T. 3 u.
S. 360   T. 1, 4 fehlt forte in Flöten, S. 360 T. 1, 4 in Oboen und Hörnern, T. 1 u. S. 359 T. 3, in Tromp. und Pauken.
S. 361 „ 1 T. 2 u.
     „ 2 T. 1   fehlt ⌢ Bogen i. d. Stimme des Grafen.
S. 361 „ 1 T. 4   fehlt forte in Flöten, Oboen und Klarin.
S. 361 „ 2 T. 3/4   fehlt crescendo — forte in Flöten, Oboen und Klarin.
S. 370 „ 2 T. 5   fehlt forte in allen Bläsern.
S. 371 „ 1 T. 1/2 u.
S. 372   T. 1/2   fehlt ⌢ Bogen i. d. Stimme der Gräfin und des Figaro.
S. 372 „ 1 T. 1   fehlt forte in den Viol. und Viola sowie in Tromp., u. Pauken.
S. 373 „ 1 T. 2   fehlt forte in allen Bläsern (excl. Klarin.), T. 1 nur in Tromp. u. Pauken.
S. 373 „ 1 T. 1, 3 u.
S. 374   T. 1   fehlt ⌢ Bogen i. d. Stimme der Gräfin u. d. Susanne, dgl. S. 377 Syst. 1 T. 2, 4 und S. 385 Syst. 1 T. 5 u. S. 386 T. 2.
S. 379 „ 1 T. 3   fehlt piano i. d. Viola.

S. 379	Syst. 1	T. 5	fehlt piano i. d. Fag.
S. 380	„ 1	T. 1	fehlt ⌢ Bogen in den Hörnern.
S. 380	„ 1	T. 5	fehlt piano in Oboen, Fag. u. Hörnern.
S. 381	„ 1	T. 1	fehlt forte in Flöten, Klarin., Tromp., Pauken, 1. und 2. Viol., Viola u. in der Stimme der Susanne u. d. Gräfin.
S. 383	„ 1	T. 2	♩ ♪♩ in der Stimme der Gräfin.
S. 385	„ 1	T. 4	fehlt forte in Trompeten und Pauken.
S. 387	„ 1	T. 5	fehlt ⌢ Bogen i. d. Stimme der Susanne u. d. Gräfin, dgl. S. 388 Syst. 1 T. 2.
S. 393	„ 1	T. 1	fehlt forte in allen Bläsern.
S. 393	„ 1	T. 2	fehlt forte i. d. 1. Oboe u. 1. Klarin.
S. 393	„ 1	T. 2	fehlt ⌢ Bogen i. d. 2. Klarin.
S. 394	„ 1	T. 3/4	fehlt ⌢ Bogen im 2. Horn, dgl. S. 396 Syst. 1 T. 2/3.
S. 396	„ 1	T. 5	fehlt piano i. d. Trompeten.
S. 397	„ 1	T. 3	fehlt forte in Hörnern, Tromp., Pauken, dgl. S. 399 Syst. 1 T. 2.
S. 398	„ 1	T. 3	fehlt sforzato in den Tromp. u. T. 4 fehlt piano
S. 406	„ 1	T. 1	fehlt ♭ vor a und h.
S. 408	„ 1	T. 1	fehlt forte in allen Bläsern.
S. 409	„ 1	T. 4	fehlt ⌢ Bogen a. d. letzten Viertel i. d. Stimme der Susanne.
S. 416	„ 1	T. 1/2	fehlt sfp in der 1. Flöte.
S. 417	„ 2	T. 3	fehlt ⌢ Bogen a. d. letzten Viertel der Flöten.
S. 422	„ 1	T. 3	fehlt ♯ vor dem letzten Viertel im Baß.
S. 423	„ 2	T. 3	fehlt ♯ vor f'' i. d. 1. Viol. ebenso S. 424 Syst. 1 T. 1, hier dgl. vor f' i. d. 2. Viol. u. i. d. Viola, sowie i. d. 1. Oboe (f'') u. im 1. Fag. (f'); S. 423 Syst. 2 T. 3 fehlt auch i. d. Viola ♯ vor f'.
S. 424	„ 2	T. 3	fehlt ⌢ Bogen im 1. Fag.
S. 425	„ 2	T. 1	fehlt in allen Stimmen die Vorzeichnung forte.
S. 432	„ 1	T. 3	fehlt piano in den Fag.
S. 435	„ 1	T. 2	fehlt forte i. d. Tromp. und Pauken, dgl. S. 439 Syst. 1 T. 5.
S. 435	„ 1	T. 5	fehlt forte in allen Bläsern, dgl. S. 436 Syst. 1 T. 3.
S. 436	„ 1	T. 4/5	fehlt ⌢ Bogen i. d. 1. Flöte.

S. 438 Syst. 1 T. 4   fehlt forte in allen beteiligten Bläsern, dgl.
                           S. 441 Syst. 2 T. 1.

S. 438 „ 1 T. 3   fehlt ⌒ Bogen i. d. Stimme des Grafen, dgl.
                           S. 441 Syst. 1 T. 4 und Syst. 2 T. 3.

S. 441 „ 1 T. 3   fehlt forte im Baß.

S. 441 „ 2 T. 2   fehlt piano i. d. Hörnern.

S. 442 „ 1 T. 2/3   fehlt ⌒ Bogen i. d. Stimme des Grafen.

S. 445 „ 3 T. 1   versehentlich ♪♪ ⅄ ♩ ♪♪

S. 448 „ 1 T. 2, 4 fehlt ⌒ Bogen i. d. Stimme des Bartolo. dgl.
                           S. 449 Syst. 2 T. 3 und S. 450 Syst. 1 T. 3, ferner
                           S. 453 Syst. 1 T. 2 u. S. 454 Syst. 1 T. 1.

S. 450 „ 1 T. 1   fehlt ⌒ Bogen i. d. Hörnern, dgl. S. 451 Syst. 1
                           T. 1.

S. 451 „ 1 T. 2   fehlt ⌒ Bogen i. d. Oboen.

S. 462 „ 1 T. 1   fehlt ⌒ Bogen im Baß.

S. 472 „ 1 T. 1/2   fehlt ⌒ Bogen i. d. Stimme der Susanne.

S. 472 „ 1 T. 4   fehlt forte in 1. und 2. Viol. und Viola, dgl.
                           S. 473 Syst. 1 T. 2. u. S. 474 Syst. 1 T. 1.

S. 474 „ 1 T. 3/4   fehlt ⌒ Bogen i. d. Hörnern, dgl. S. 475 Syst.
                           1 T. 1, 3/4.

S. 476 „ 1 T. 1   fehlt ⌒ Bogen i. d. Stimme d. Curzio u. d.
                           Grafen, dgl. S. 476 Syst. 1 T. 3, S. 477 Syst. 1
                           T. 1, 3, S. 478 Syst. 1 T. 1, 2, 3 u. S. 479 Syst. 1
                           T. 1, 2, 3.

S. 479 „ 1 T. 1   fehlt piano in allen Bläsern, ebenso T. 3 forte.

S. 480 „ 1 T. 3   fehlt ⌒ Bogen a. d. 2. Viertel d. Flöten, Oboen u.
                           Viol.

S. 482 „ 1 T. 2   fälschlicherweise ♪ ♪⅄♪♪♪♪♪ ♪ ♪ ♪

S. 484 „ 3 T. 1   fehlt ⌒ Bogen in Viola.

S. 492 „ 2 T. 2/3   fehlt ⌒ Bogen i. d. Stimme der Gräfin, dgl.
                           S. 493 Syst. 1 T. 3/4 und S. 495 Syst. 1 T. 4/5,
                           sowie S. 495 Syst. 2 T. 3/4.

S. 541 „ 1 T. 3/4   fehlt ⌒ Bogen a. d. letzten Viertel d. 1. und
                           2. Viol., dgl. S. 542 Syst. 1 T. 2/3, sowie S. 546
                           Syst. 1 T. 1 a. d. 2. u. 3. Viertel.

S. 543 „ 2 T. 2   fehlt Triller a. d. 2. Viertel d. 1. Flöte.

S. 559 „ 1 T. 1   fehlt ♮ vor dem 2. Achtel der 2. Viol.

S. 559 „ 2 T. 1   fehlt d. Vorschrift „arco" im Baß.

S. 560	Syst.	1 T. 2	fehlt ⌢ Bogen i. d. 2. Viol.
S. 566	„	1 T. 1/2	fehlt ⌢ Bogen i. d. 2. Viola, dgl. T. 3.
S. 566	„	3 T. 2	fehlt ⌢ Bogen a. d. letzten Viertel d. 1. und 2. Viol.
S. 567	„	2 T. 1	fehlt ⌢ Bogen i. d. Stimme d. Marzelline, dgl. S. 568 Syst. 1 T. 1, 5, S. 569 Syst. 2 T. 1, ferner S. 571 Syst. 2 T. 1, 3.
S. 568	„	2 T. 1/2,	2/3 fehlt ⌢ Bogen in Cello u. Baß.
S. 578	„	1 T. 1	fehlt forte in Klarin., Hörnern u. Fag.
S. 581	„	1 T. 2/3	fehlt ⌢ Bogen in den Fag.
S. 581	„	2 T. 3	fehlt ⌢ Bogen im Baß.
S. 582	„	1 T. 1, 2	fehlt forte a. d. 4. Viertel d. Flöten, T. 2 fehlt piano.
S. 585	„	1 T. 2, 3	sforzato in den Hörnern (1. Viertel).
S. 586	„	1 T. 2, 4	fehlt sforzato i. d. Flöten, ferner S. 588 Syst. 1 T. 2, 4 fehlt forte.
S. 586	„	1 T. 5	fehlt piano im Baß.
S. 588	„	2 T. 1	fehlt ⌢ Bogen i. d. Stimme des Basilio.
S. 590	„	1 T. 2	fehlt forte in Klarin., Fag. und Hörnern, T. 4 fehlt piano in Fag. und Hörnern.
S. 594	„	2 T. 2/3	fehlt ⌢ Bogen im 1. Horn.
S. 598	„	1	fehlt Tempovorzeichnung.
S. 601	„	1 T. 2/3	fehlt ⌢ Bogen im 2. Fag.
S. 602	„	3 T. 1	fehlt „arco" im Baß.
S. 620	„	2 T. 3	fehlt ⌢ Bogen i. d. Stimme der Susanne, dgl. S. 621 Syst. 1 T. 2, 2. Hälfte.
S. 623	„	1 T. 1	fehlt forte in allen Bläsern.
S. 625	„	2 T. 2	fehlt ⌢ Bogen im 2. Fag., dgl. S. 631 Syst. 1 T. 3.
S. 630	„	2 T. 1	fehlt piano i. d. 1. u. 2. Viol., dgl. S. 631 Syst. 1 T. 2 sforzato.
S. 635	„	1 T. 1	fehlt ⌢ Bogen i. d. 2. Viol.
S. 636	„	1 T. 1	fehlt crescendo im Baß.
S. 647	„	2 T. 1	fehlt ⌢ Bogen a. d. letzten Viertel in der Stimme der Gräfin.
S. 677	„	1 T. 2	fehlt ⌢ Bogen i. d. 2. Viol.
S. 691 ff.			fehlen die Blasinstrumente im Autograph; in dieser letzten Szene sind Don Curzio und Bartolo nicht vermerkt.

LE NOZZE DI FIGARO

Overture

W. A. Mozart
1756–1791
Köchel N? 492

10

12

14

E. E. 3703. 4446

18

19

E. E. 3703. 4446

20

Erster Akt

Ein noch nicht völlig möbliertes Zimmer mit einem Sessel in der Mitte. Figaro mißt den Fußboden aus; Susanna, vor einem Spiegel, setzt einen neuen Hut auf.

Szene I
Figaro, Susanna

Atto primo

Il teatro rappresenta una camera mezzo smobiliata con un seggiolone in mezzo. Figaro misura il pavimento: Susanna, devanti uno specchio, s'aggiusta in testa un cappellino.

Scena I
Figaro, Susanna

№ 1 Duettino

24

32

Won - ne, süß - re Won - ne, süß - re Won - ne bringt der
ten - ta, o - ra sì cЋio son con - ten - ta, sem - bra

süß - re Won - ne, süß - re Won - ne bringt der
si, mio co - re, or è più bel - lo, sem - bra

Son - ne hol - der Schein uns heut', uns
fat - to in ver per me, per me, per

Son - ne hol - der Schein uns heut', uns
fat - to in ver per te, per te, per

E. E. 4146

34

Recitativo

Susanna

90

Figaro

Sus. Sag, was hast du denn hier zu mes-sen, mein lie-ber Fi-ga-ro? Ich
Co-sa stai mi-su-ran-do, ca-ro il mio Fi-ga-ret - to? Io

will ver-su-chen, ob das Bett, das der Graf uns schenkte, an die-ser Stel-le
guar-do se quel let - to, che ci de-sti-na il con - te, fa-rà buo-na fi-

Susanna

Figaro

gut sich prä-sen - ti-ren wird. In die-sem Zim-mer? Si-cher! es ist das
gu-ra in que-sto lo - co. In que-sta stan-za!... Cer - to, a noi la

Fig. uns - re durch des Gra - fen Gna - - de.
ce - de ge - ne - ro - so il pa - dro - ne.

Susanna Es sei
Io per

Sus. dir ü - ber-las-sen.
me te la do - no.

Figaro Aus welchem Grun-de?
E la ra - gio - ne?

Sus. (auf die Stirne zeigend) (toccandosi la fronte)
Mei-nen Grund hab' ich hier.
La ra - gio - ne l'ho qui.

Fig. (Ebenso) (facendo lo stesso)
Wa-
Per-

Fig. rum läßt du ihn nicht auch hie-her kom-men?
chè non puoi far, che pas-si un pò qui.

Susanna Weil mir's nicht an - steht.
Per-chè non vo - glio;

100 Sus. Wer hat hier zu - ge - hor-chen?
sei tu mio ser-vo, o no?

Figaro Doch ich ver-steh' nicht, wa-rum das schön-ste
Ma non ca - pis - co per-chè tan - to ti

Fig. Zim-mer, das im Schlo - ße sich fin - det, dir so miß-fällt?
spia-ce la più co - mo-da stan-za del pa - laz - zo.

Susanna Weil
Per ch'io

Sus. ich Su-san-na bin— und du ein Schwach-kopf.
son la Su - san-na, e tu sei paz - zo.

Figaro Dan-ke, nur nicht zu
Gra-zie, non tan-ti e -

Fig. höf-lich! Ich wüß-te wahrlich nicht, wo wir bes-ser wohnen könn-ten.
lo - gi, guarda un po - co, se po - tria me-glio stare in al - tro lo - co.

attacca subito il Duettino

Nº 2 Duettino

stel-len, husch, husch, husch, husch, in drei Sprün-gen er-reich' ich die
dro-ne, don - don, don - don, in tre sal - ti lo va-do a ser-

Susanna

Und
Co-

Tür.
vir.

kling, husch, husch, husch, husch! führt der Teu - fel ihn
din, don - don, don - don, a mia por - ta il

schnell an die Tü - re, zu mir, in drei Sprün - gen...
dia - vol lo por - ta, ed ec - co in tre sal - ti...

Figaro

Su - san - na, halt'
Su - san - na, pian

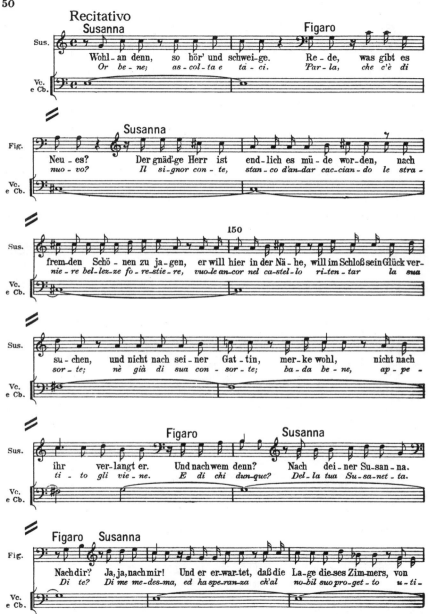

Recitativo

Susanna: Wohl-an denn, so hör' und schwei-ge.
Or be - ne; as - col - ta e tà - ci.

Figaro: Re - de, was gibt es
Par - la, che c'è di

Figaro / Susanna: Neu - es? Der gnäd'-ge Herr ist end-lich es mü - de wor-den, nach
nuo - vo? Il si-gnor con - te, stan - co d'an-dar cac-cian - do le stra -

Susanna: frem-den Schö - nen zu ja-gen, er will hier in der Nä - he, will im Schloß sein Glück ver-
nie - re bel-lez-ze fo - re-stie-re, vuo-le an-cor nel ca-stel-lo ri-ten - tar la sua

Susanna: su - chen, und nicht nach sei - ner Gat - tin, mer - ke wohl, nicht nach
sor - te; nè già di sua con - sor - te; ba - da be - ne, ap - pe -

Susanna / Figaro / Susanna: ihr ver-langt er. Und nach wem denn? Nach dei - ner Su-san - na.
ti - to gli vie - ne. E di chi dun-que? Del - la tua Su-sa-net - ta.

Figaro / Susanna: Nach dir? Ja, ja, nach mir! Und er er-war-tet, daß die La-ge die-ses Zim-mers, von
Di te? Di me me-des-ma, ed ha spe-ran-za ch'al no-bil suo pro-get - to u - ti -

Figaro Susanna

Sus.

Nu-tzen ihm sei bei sei-nen Plä-nen. Bra-vo! das geht vor-treff-lich! Das ist die
li - si - ma sia tal vi - ci - nan-za. Bra-vo! ti - ria-mo a-van - ti. Que-ste le

Vc.
e Cb.

160

Sus.

gro-ße Huld, das In - te - res-se, was für dich und was er für dei-ne
gra-zie son, que-sta la cu - ra ch'e-gli pren - de di te, del - la tua

Vc.
e Cb.

Figaro Susanna

Sus.

Braut nimmt. Ei, sieh doch an, welch' ho-he Huld und Gna-de! War-te nur, jetzt kommt das Be-ste!
spo - sa. Oh guarda un pò, che ca-ri - tà pe - lo-sa! Che-ta-ti, or vie-ne il meglio;

Vc.
e Cb.

Sus.

Don Ba-si-lio, mein würd'ger Leh-rer und sein Fac-to-tum be-nutzt den Un-ter-
Don Ba-si-lio, mio mae-stro di can-to, e suo fac-to-tum, nel dar-mi la le-

Vc.
e Cb.

Figaro

Sus.

richt je-den Tag das al - te Lied mir vor-zu-sin-gen Wer? Ba-si-lio! O, der
zio-ne mi ri-pe - te o-gni dì que-sta can-zo-ne. Chi! Ba-si-lio! oh bir-

Vc.
e Cb.

Susanna

Fig.

Schurke! Du konn-test glau-ben, daß mei-ne schö-ne Mit-gift dei-nem Verdienst ge-
ban-te! E tu cre-de-vi che fos-se la mia do-te mer-to del tuo bel

Vc.
e Cb.

E. E. 4446

N⁰ 3. Cavatina

Will der Herr Graf— ein Tänz-chen nun wa-gen, will der Herr
Se vuol bal - la - re, si - gnor con - ti - no, se vuol bal -

Graf— ein Tänz-chen nun wa-gen, mag er's mir sa-gen,ich spiel' ihm auf,
la - re, si - gnor con - ti - no, il chi-tar - ri-no le suo - ne - rò,

Tempo I

Ob.

Fg.

Cor. (F)

Vl.

Vla.

Fig.
Plan, kühn je - den Plan. Will der Herr Graf ein Tänz-chen nun wa-gen,
rò, ro - ve-scie - rò. Se vuol bal - la - re, si - gnor con - ti - no,

Vc. e Cb.

110

Cor. (F)

Vl.

Vla.

Fig.
will der Herr Graf ein Tänz-chen nun wa-gen, mager's mir sagen, ich spiel' ihm auf,
se vuol bal - la - re, si-gnor con - ti-no, il chi-tar - ri-no le suo - ne - rò,

Vc. e Cb.

mag er's mir sa - gen, ich spiel'ihm auf, ja, ich spiel'ihm auf, ja, ich spiel'ihm
il chi-tar-ri - no le suo-ne - rò, si, le suo-ne - rò, si, le suo-ne-

Presto

arco
f
arco
f
arco
f

auf. (geht ab)
rò. (parte)
arco
f

64

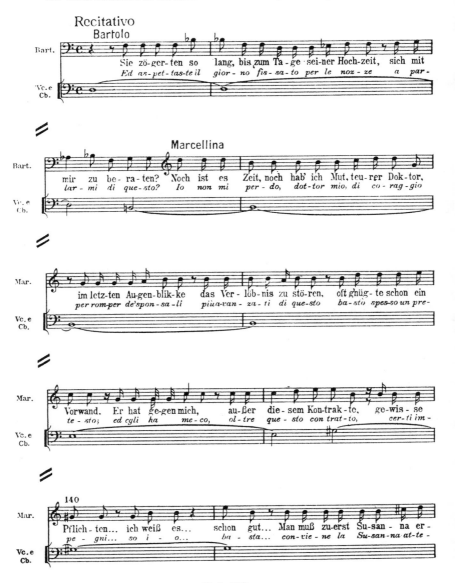

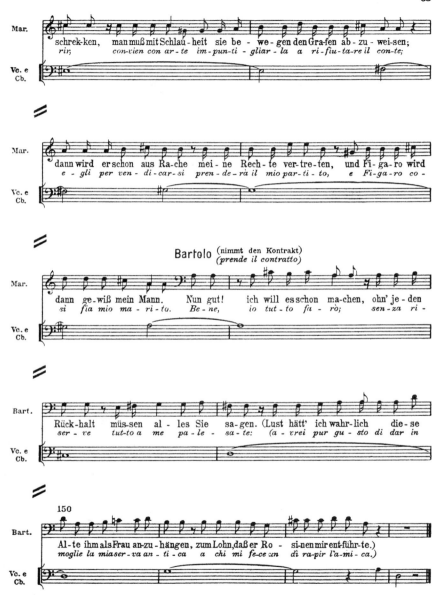

Mar.
schrek-ken, man muß mit Schlau - heit sie be - we - gen den Gra-fen ab - zu - wei-sen;
rir, *con-vien con ar - te im - pun-ti - gliar - la a ri - fiu - ta - re il con-te;*

Vc. e
Cb.

Mar.
dann wird er schon aus Ra-che mei - ne Rech - te ver-tre-ten, und Fi-ga-ro wird
e - gli per ven - di - car - si pren - de - rà il mio par - ti - to, e Fi-ga-ro co -

Vc. e
Cb.

Bartolo (nimmt den Kontrakt)
(prende il contratto)

Mar.
dann ge-wiß mein Mann. Nun gut! ich will es schon ma-chen, ohn' je - den
si fia mio ma - ri - to. Be - ne, io tut - to fa - rò; sen - za ri -

Vc. e
Cb.

Bart.
Rück-halt müs-sen al - les Sie sa-gen. (Lust hätt' ich wahr-lich die - se
ser - ve tut-to a me pa - le - sa - te: (a - vrei pur gu - sto di dar in

Vc. e
Cb.

150

Bart.
Al-te ihm als Frau an-zu - hängen, zum Lohn,daß er Ro - si-nen mir ent-führ-te.)
moglie la mia ser-va an - ti - ca a chi mi fe-ce un di ra-pir l'a-mi - ca.)

Vc. e
Cb.

E. E. 4446

Nᵒ 4. Aria

Schan-de ist ver - ächt-lich, zeigt nie - dern Sinn,
trag - gi è bas - sez - za, è o - gnor vil - tà,

ist ver-ächt-lich, zeigt nie - dern Sinn, zeigt nie - dern Sinn.
è bas-sez - za, è o - gnor vil - tà, è o - gnor vil - tà.

Fein und witzig, scharf und spit-zig, im-mer kritisch und po-
Coll' as - tu-zia... coll' ar - gu-zia, col giu- di- zio, col cri-

litisch... ja, man könn-te... ja, man könn-te...fein und wit-zig, scharf und
te-rio... si po - treb-be... si po- treb-be, coll' as-tu-zia, coll' ar-

72

spit-zig, im-mer kri-tisch und po - li-tisch... ja, man könn-te, ja, man
gu-zia, col giu-di-zio, col cri-te-rio, si po-treb-be, si po-

könn-te, ja man könn-te, ja man könn-te... der Fall ist wich-tig, der Fall ist
treb-be, si po-treb-be, si po-treb-be... il fat-to è se-rio, il fat-to è

wich-tig, der Fall ist wich - tig:
se - rio, il fat- to è se - rio;

Doch ge - wiß,ichkrieg'ihn
ma cre - de- te si fa-

klein,   doch ge - wiß, ich krieg' ihn klein.
rà,   ma cre - de - te si fa - rà.

er fällt durch mich, ja, ganz Se - vil - la kennt Dok - tor Bar - to - lo,
vin - to sa - rà, tut - ta Si - vi - glia co - - nos - ce Bar - to - lo,

80

Szene IV

Marcellina, hernach Susanna, welche eine Haube, ein Band und ein Damenkleid trägt.

Scena IV

Marcellina, poi Susanna con una scuffia, un largo nastro, ed un vestito da donna.

Recitativo
Marcellina

Al - les ist nicht ver - lo - ren: ich darf noch im - mer hof - fen! Doch ich
Tut-to an - cor non ho per - so: mi re - sta la spe - ran - za. Ma Su -

N⁰ 5. Duettino

E. E. 4446

Szene V
Susanna, dann Cherubin

Scena V
Susanna e poi Cherubino

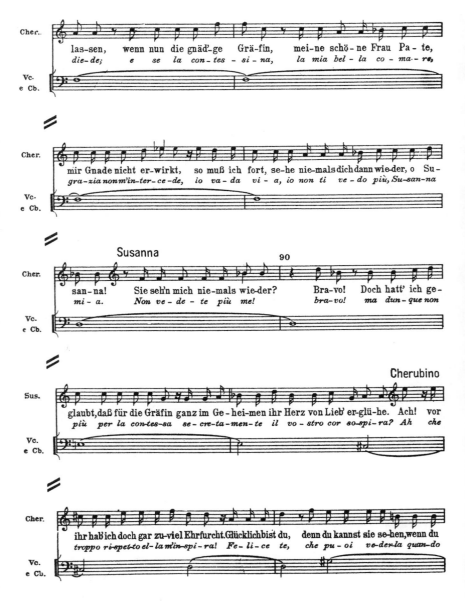

las-sen, wenn nun die gnäd'-ge Grä-fin, mei-ne schö-ne Frau Pa-te,
die-de; e se la con-tes-si-na, la mia bel-la co-ma-re,

mir Gnade nicht er-wirkt, so muß ich fort, se-he nie-mals dich dann wie-der, o Su-
gra-zia non m'in-ter-ce-de, io va-da vi-a, io non ti ve-do più, Su-san-na

Susanna 90

san-na! Sie seh'n mich nie-mals wie-der? Bra-vo! Doch hatt' ich ge-
mi-a. Non ve-de-te più me! bra-vo! ma dun-que non

Cherubino

glaubt, daß für die Gräfin ganz im Ge-hei-men ihr Herz von Lieb' er-glü-he. Ach! vor
più per la con-tes-sa se-cre-ta-men-te il vo-stro cor so-spi-ra? Ah che

ihr hab ich doch gar zu-viel Ehrfurcht. Glücklich bist du, denn du kannst sie se-hen, wenn du
troppo ri-spet-to el-la m'in-spi-ra! Fe-li-ce te, che pu-oi ve-der-la quan-do

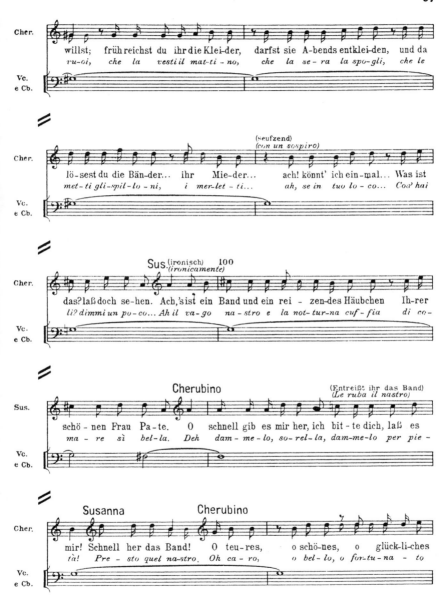

98

E. E. 4446

Nº 6. Aria

102

108

all' die sü-ßen Kla - gen___ tra-gen die Lüf-te fort, tra - gen die
suon de va-ni ac - cen - ti___ por - ta-no via con se, por - ta-no

Lüf - te fort. Und mag mich nie-mand hö-ren, und mag mich nie-mand
ria con se E se non ho chi m'oda, e se non ho chi

hö-ren, red'ich von Lieb'mit mir, mit mir, red'ich von Lieb'mit mir.
m'o-da, par-lo d'a-mor con me, con me, par-lo d'a-mor con me.

attacca subito

E. E. 4446

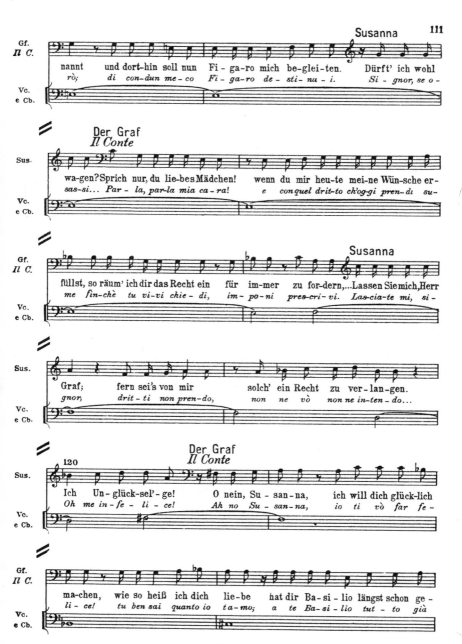

112

Gf. Il C. sagt. Jetzt hö-re: wenn du nur ei-nen Au-gen-blick mit mir im
dis-se, or sen-ti, se per po-chi mo-men-ti me-co in giar-

Vc. e Cb.

Basilio (von innen) (di dentro)

Gf. Il C. Garten, am kühlen A-bend... ja, ge-wiß, die-se Gunst würd'ich dir loh-nen... Vor
din sull'im brunir del gior-no... ah per que-sto fa-vo-re io pag-her-ei... È us-

Vc. e Cb.

Der Graf (steht auf) **Der Graf**
Il Conte (s'alza) **Susanna** *Il Conte*

Bas. kur-zem ging er aus. Wer spricht da? O Him-mel! Sor-ge,
ci-to po-co fa. Chi par-la? O de-i! Es-ci,

Vc. e Cb.

Susanna (verwirrt) **Basilio** (von innen)
(turbata) (di dentro)

Gf. Il C. 130 daß nie-mand ein-tritt. Soll al-lein ich Sie las-sen? Bei Ma-dam wird er sein,
e al-cun non en-tri. Ch'io vi las-ci qui so-lo? Da ma-da-ma sa-rà

Vc. e Cb.

Der Graf
Il Conte **Susanna**

Bas. ich will ihn su-chen. Hier, hin-ter die-sen Stuhl... Ja nicht ver-
va-do a cer-car-lo. Qui die-tro mi por-rò. Non vi ce-

Vc. e Cb.

Der Graf
Il Conte **Susanna** *)

Sus. bergen!Schweige, und such' ihn zu ent-fer-nen. Weh mir! was tun Sie?
la-te. Ta-ci, e cer-cach'ei par-ta. Ohi mè! che fa-te!

Vc. e Cb.

*) Der Graf will sich hinter dem Sessel verbergen; Susanna stellt sich dazwischen; Cherubin kommt hervor und verbirgt sich im Sessel; Susanna bedeckt ihn mit dem Kleide, welches sie auf !en Sessel gelegt hat.

*) Il conte vuol celarsi dietro il seggiolone, Susanna si pone in mezzo; Cherubino gira con destrezza e si getta nel seggiolone rannicchiandosi alla meglio; Susanna lo copre col vestito che aveva messo sul seggiolone.

Szene VII
Basilio, die Vorigen

Scena VII
Basilio e Detti

Basilio

Su-san-na, der Himmel seg-ne Sie! Sa-hen Sie viel - leicht den
Su-san-na, il ciel vi sal - vi; av-reste a ca-so ve - du-to il

Susanna 140 **Basilio**

Gra-fen? O nein, was soll-te denn er bei mir? Doch jetzt muß ich fort! Nicht so
con-te! E co - sa de-ve far me-co il con-te? a - ni-mo usci-te. As - pet-

ei - lig; Su-sann-chen! Fi - ga-ro will ihn spre-chen! Den Gra-fen?
ta - te, sen-ti - te, Fi - ga-ro di lui cer - ca. Oh cie - lo!

Der Graf
Il Conte

dem er wie Ih-nen so sehr ver - haßt ist. (Laß sehn, wie du mir
ei cer - ca chi do-po voi più l'o - dia. (Ve-diam co - me mi

Basilio

die-nest.) Hab' ich doch nie ge-hört und nie ge - le - sen, daß der, so die Frau liebt,
ser-ve.) Io non ho mai nel-la mo-ral sen-ti - to c'u-no c'a-mi la mo-glie o-

E. E. 4446

114

Bas.

haß - te den Mann.   Das heißt der Herr Graf liebt sie.   Ver-las-sen Sie mein
di-i   il   ma - ri-to,   per   dir che il con - te   v'a - ma... Sor-ti - te, vil mi-

Vc.
e Cb.

Sus.

150

Zim-mer,   un _ ver-schäm-ter Zwi-schen - trä-ger! Ich mag nichts hö-ren,   ich be-
ni - stro   dell' al-trui.   sfre - na - tez-za: io non ho   d'uo-po   del-la

Vc.
e Cb.

Sus.

Basilio

darf nicht Ih-rer Leh-ren, nicht des Grafen,   nicht sei-ner Lie-be.   Hier ist nichts
vo - stra mo-ra-le,   del   con-te   del suo amor... Non c'e al-cun

Vc.
e Cb.

Bas.

Schlimmes. Je-der hat sei-ne An-sicht,   und nach der mei-nen ver-dien-te wohl ein
ma - le.   Ha ciascun i suoi gu-sti,   io mi cre-de - a che pre-fe - rir do-

Vc.
e Cb.

Bas.

Herr, wie der Herr Graf,   wie bei Al-len so bei Ih-nen, ein so reicher, so gnäd'ger Herr den
ve - ste per a - mante,   co-me fan tut-te quante,   un signor li-ber-al, pru-den-te e

Vc.
e Cb.

Bas.

Susanna   Basilio

Vor-zug vor einem Kna-ben, ei-nem Pa- gen.   Vor Che-ru-bi- no! Vor Che-ru-
sag-gio, a un gio-vi - na-stro, a un   pag-gio... A Che-ru-bi - no! A   Che-ru-

Vc.
e Cb.

E. E. 4446

116

Ob.

Cl.

Fg.

Cor.
(B)

Vl.

Vla.

Gf.
Il C.

wicht, geh' und ja - ge den Bö - sewichtgleichfort.
tor, to - sto an - da - te e scaccia - te il se - dut-tor.

Vc.
e Cb.

Vl.

Vla.

Basilio

Bas.

Dies-mal kam ich un - ge - le-gen, Sie ver - zei-hen, meingnäd'-ger
In mal pun-to son qui giunto; per-do - na - te, o mio si-

Vc.
e Cb.

Ob.

Cl..

Fg.

Cor. (B)

Vl.

Vla.

Sus.

Welch' ein Zu-fall!
Che ru - i - na,

Bas.

un - ge - le-gen, Sie ver - zei-hen, mein
son qui giun-to, per - do - na - te, o

**Gf.
Il C.**

geh' und jag' den Bös'-wicht fort.
e scac-cia-te il se - dut - tor.

**Vc.
e Cb.**

E. E. 4446

130

137

E. E. 4446

140

190

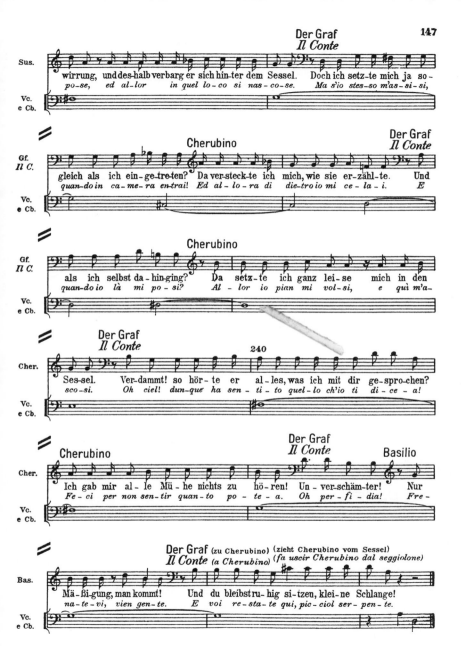

Der Graf
Il Conte

Sus.

wirrung, und des-halb verbarg er sich hin-ter dem Sessel. Doch ich setz-te mich ja so -
po-se, ed al-lor in quel lo-co si nas-co-se. Ma s'io stes-so m'as-si-si,

Vc.
e Cb.

Cherubino   Der Graf
                                             Il Conte
Gf.
Il C.

gleich als ich ein-ge-tre-ten? Da ver-steck-te ich mich, wie sie er-zähl-te. Und
quan-do in ca-me-ra en-trai! Ed al-lo-ra di die-tro io mi ce-la-i. E

Vc.
e Cb.

Cherubino
Gf.
Il C.

als ich selbst da-hin-ging? Da setz-te ich ganz lei-se mich in den
quan-do io là mi po-si? Al-lor io pian mi vol-si, e qui m'a-

Vc.
e Cb.

Der Graf
Il Conte   240
Cher.

Ses-sel. Ver-dammt! so hör-te er al-les, was ich mit dir ge-spro-chen?
sco-si. Oh ciel! dun-que ha sen-ti-to quel-lo ch'io ti di-ce-a!

Vc.
e Cb.

Cherubino   Der Graf
                                  Il Conte   Basilio
Cher.

Ich gab mir al-le Mü-he nichts zu hö-ren! Un-ver-schäm-ter! Nur
Fe-ci per non sen-tir quan-to po-te-a. Oh per-fi-dia! Fre-

Vc.
e Cb.

Der Graf (zu Cherubino) (zieht Cherubino vom Sessel)
Il Conte (a Cherubino) (fa uscir Cherubino dal seggiolone)
Bas.

Mä-ßi-gung, man kommt! Und du bleibst ru-hig si-tzen, klei-ne Schlange!
na-te-vi, vien gen-te. E voi re-sta-te qui, pic-ciol ser-pen-te.

Vc.
e Cb.

Scena VIII
Figaro, Contadini e contadine
che spargono fiori. Detti

Nº 8. Coro

152

40

F.E. 4446

154

Herrn, vor un-serm Herrn. (Die Landleute gehen ab)
gnor, no - stro si - gnor. (I contadini e le contadine partono)

Recitativo

Figaro · Susanna · Basilio · Figaro (zu Cherubino) (a Cherubino)

Er le - be! er le - be! er le - be! Und
Ev - vi - va! Ev - vi - va! Ev - vi - va! E

110 · Susanna

Sie nur sind so schweigsam? Der Ar - me ist so trau-rig, weil der Herr
voi non ap - plau - di - te? È af - fli - to po - ve - ret - to, perchè il pa -

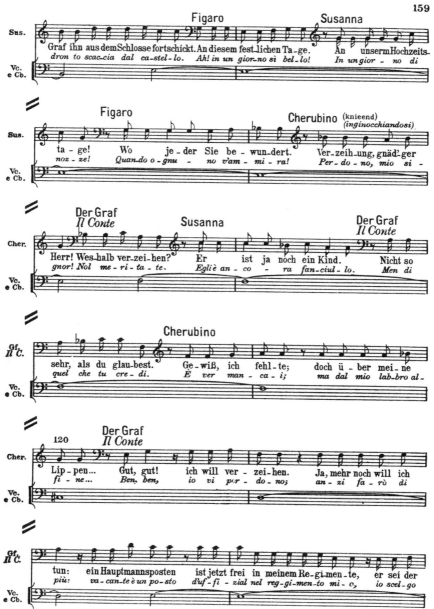

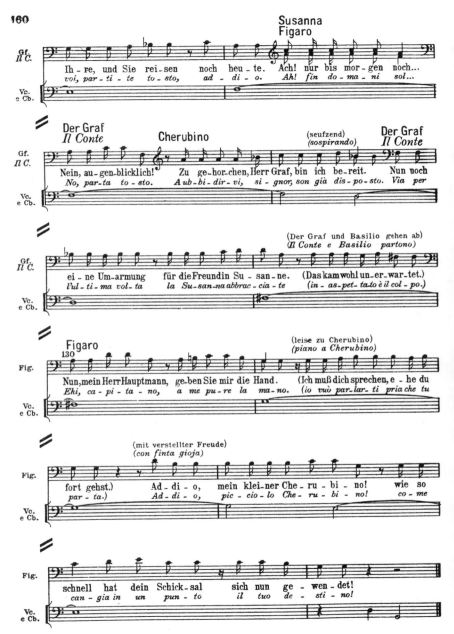

Susanna
Figaro

Ih – re, und Sie rei – sen noch heu – te. Ach! nur bis mor – gen noch...
voi, par – ti – te to – sto, ad – di – o. Ah! fin do – ma – ni sol...

Der Graf
Il Conte
Cherubino
(seufzend)
(sospirando)
Der Graf
Il Conte

Nein, au – gen – blicklich! Zu ge – hor – chen, Herr Graf, bin ich be – reit. Nun noch
No, par – ta to – sto. A ub – bi – dir – vi, si – gnor, son già dis – po – sto. Via per

(Der Graf und Basilio gehen ab)
(Il Conte e Basilio partono)

ei – ne Um – armung für die Freundin Su – san – ne. (Das kam wohl un – er – war – tet.)
l'ul – ti – ma vol – ta la Su – san – na abbrac – cia – te (in – as – pet – ta – to è il col – po.)

Figaro
(leise zu Cherubino)
(piano a Cherubino)
130

Nun, mein Herr Hauptmann, ge – ben Sie mir die Hand. (Ich muß dich sprechen, e – he du
Ehi, ca – pi – ta – no, a me pu – re la ma – no. (io vuò par – lar – ti pria che tu

(mit verstellter Freude)
(con finta gioja)

fort gehst.) Ad – di – o, mein klei – ner Che – ru – bi – no! wie so
par – ta.) Ad – di – o, pic – cio – lo Che – ru – bi – no! co – me

schnell hat dein Schick – sal sich nun ge – wen – det!
can – gia in un pun – to il tuo de – sti – no!

E. E. 4446

Nº 9 Aria

Ob.

Fg. *mfp*

Cor. (C)

Vl. *mfp* *mfp*

Vla. *mfp*

Fig.
o _ bern, ein A _ do _ nis, ein neu _ er Nar _ ciß, du wirst
po _ so, Nar _ ci _ set _ to, A _ don _ ci _ no d'a _ mor, del _ le

Vc. e Cb. *mfp*

10

Fg. *ten.* *ten.* *mfp*

Vl. *ten.* *ten.* *mfp* *ten.* *ten.* *mfp*

Vla. *ten.* *ten.* *mfp*

Fig.
nicht mehr die Her _ zen er _ o _ bern, ein A _ do _ nis, ein neu _ er Nar-
bel _ le tur _ ban _ do il ri _ po _ so, Nar _ ci _ set _ to, A _ don _ ci _ no d'a-

Vc. e Cb. *ten.* *ten.* *mfp*

E. E. 4446

ciß.
mor.

Nun ver -
Non più av -

giß, die-se pran - gen-den Fe - dern,
rai que-sti bei pen-nac-chi - ni,

die - se
quel cap -

E. E. 4446

172

sau-nen, bei dem Knal-len der Kar - tau-nen, wo der Ku-geln wil-des
bo - ni, di bom-bar-de, di can - no - ni, che le pal-le in tut-ti i

Sau-sen grau-sig dringt durch Mark und Bein.   Nun ver-
tuo-ni all' o - rec-chio fan fi - schiar.   Non più a-

176

do - nis, ein neu - er Nar - ciß.
set - to, A-don-ci - no d'a - mor.

Che-ru-bi - no, auf zum Sie-ge,
Che-ru-bino al - la vit - to - ria,

auf zu ho-hem Waf-fen - ruhm,
al - la glo-ria mi-li - tar,

Che - ru - bi - no auf zum
Che - ru - bi - no al - la vit -

Sie - ge, auf zu ho - hem Waf - fen - ruhm, auf zu
to - ria, al - la glo - ria mi - li - tar, al - la

ho - hem Waf - fen - ruhm, auf zu ho - hem Waf - fen - ruhm!
glo - ria mi - li - tar, al - la glo - ria mi - li - tar!

(Sie gehen militärisch ab)
(Partono tutti, alla militare)

Zweiter Akt

Das Theater stellt ein prächtiges Zimmer mit einem Alkoven vor; rechts die Eingangstüre, links ein Kabinett, im Hintergrunde eine Türe, welche in die Zimmer der Dienerschaft führt; an der Seite ein Fenster.

Atto secondo

Il teatro rappresenta una magnifica stanza con un' alcova, la porta d'entrata alla destra, un gabinetto alla sinistra, una porta in fondo, che da adito alle stanze delle cameriere, una finestra a lato.

Szene I
Die Gräfin

Scena I
La Contessa

Nº 10. Cavatina

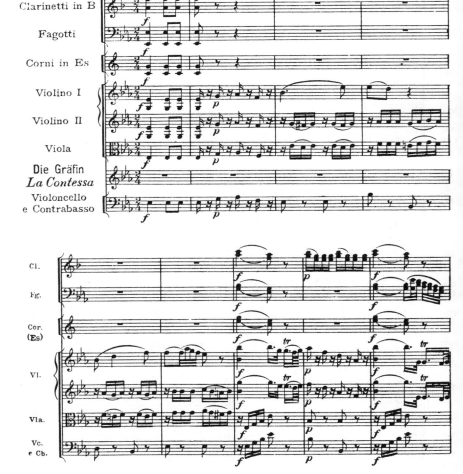

Tod o - der sen - de mir den Tod! Gott der Lie - be, hör' mein
rir, o - mi la - scia al - men mo - rir, por - gi a - mor qual - che ri -

Flehen, schenk Er - bar - men mei - ner Not, gib mir mei - nen Gat - ten wie - der o - der
sto - ro al mio duo - lo, a miei so - spir, o mi ren - di il mio te - so - ro, o mi

Szene II
Die Gräfin, Susanna, später Figaro

Scena II
La detta, Susanna, indi Figaro

Recitativo
Die Gräfin (setzt sich)
La Contessa (siede)

Susanna

Gfn.
La C.

Komm nun, lie-be Su-san-na, be - en-de die Er-zäh-lung. Sie war zu
Vie - ni, ca - ra Su-san-na, fi - nis-ci - mi l'is - to - ria. È già fi -

Vc.
e Cb.

Die Gräfin
La Contessa

Susanna

Sus.

En - de. So wollt' er dich ver - füh - ren? O, der Herr Graf macht
ni - ta. Dun-que vol - le se - dur - ti? Oh,il si - gnor con - te non

Vc.
e Cb.

Sus.

nicht viel Com-pli - men - te mit den Mäd-chen mei - nes Stan-des, oh - ne
fa tai com-pli - men - ti col - le don - ne mie pa - ri; e - gli

Vc.
e Cb.

Die Gräfin
La Contessa

Susanna

Sus.

weit'res hat er mir Geld ge-bo-ten. Ach, er liebt mich nicht mehr. Und ist doch
ven-nea con-trat-to di da-na-ri. Ah! il cru - del più non m'a-ma. E co-me

Vc.
e Cb.

Die Gräfin
La Contessa

Sus.

60

ei - fer - süch-tig auf Sie. Wie al - le Män-ner jetzt ein-mal sind! aus
poi è ge-lo - so di voi. Co-me lo so-no i mo-der-ni ma - ri - ti! per sis -

Vc.
e Cb.

E. E. 4446

188

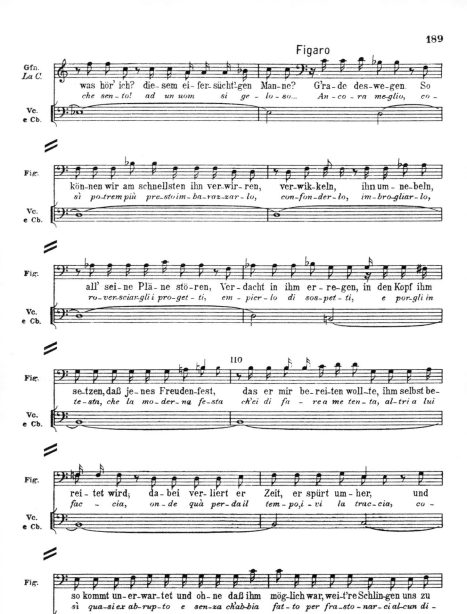

Figaro

was hör' ich? die-sem ei-fer-sücht'gen Man-ne? Gra-de des-we-gen. So
che sen-to! ad un uom si ge-lo-so... An-co-ra me-glio, co-

kön-nen wir am schnellsten ihn ver-wir-ren, ver-wik-keln, ihn um-ne-beln,
sì po-trem più pre-sto im-ba-raz-zar-lo, con-fon-der-lo, im-bro-gliar-lo,

all' sei-ne Plä-ne stö-ren, Ver-dacht in ihm er-re-gen, in den Kopf ihm
ro-ver-sciar-gli i pro-get-ti, em-pier-lo di sos-pet-ti, e por-gli in

110

se-tzen, daß je-nes Freuden-fest, das er mir be-rei-ten woll-te, ihm selbst be-
te-sta, che la mo-der-na fe-sta ch'ei di fa-re a me ten-ta, al-tri a lui

rei-tet wird; da-bei ver-liert er Zeit, er spürt um-her, und
fac-cia, on-de quà per-da il tem-po, i-vi la trac-cia, co-

so kommt un-er-war-tet und oh-ne daß ihm mög-lich war, wei-t're Schlin-gen uns zu
sì qua-si ex ab-rup-to e sen-za ch'ab-bia fat-to per fra-sto-nar-ci al-cun di-

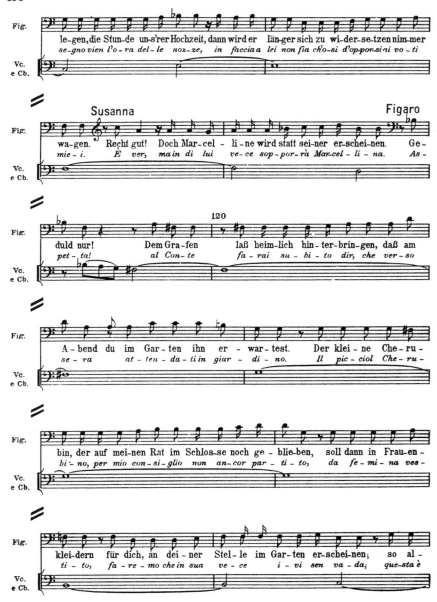

le-gen, die Stun-de un-s'rer Hochzeit, dann wird er län-ger sich zu wi-der-se-tzen nim-mer
se-gno vien l'o - ra del - le noz - ze, in faccia a lei non fia ch'o-si d'op-por-si ni vo - ti

Susanna
Figaro

wa-gen. Recht gut! Doch Mar-cel - li - ne wird statt sei-ner er-schei-nen. Ge-
mie - i. E ver, ma in di lui ve - ce sop - por - rà Mar-cel - li - na. As -

duld nur! Dem Gra-fen laß heim-lich hin - ter-brin-gen, daß am
pet - ta! al Con - te fa - rai su - bi - to dir, che ver - so

A - bend du im Gar - ten ihn er - war-test. Der klei - ne Che-ru -
se - ra at - ten - da - ti in giar - di - no. Il pic - ciol Che - ru -

bin, der auf mei-nen Rat im Schlos-se noch ge - blie-ben, soll dann in Frau-en-
bi - no, per mio con - si - glio non an-cor par - ti - to, da fe - mi - na ves -

klei-dern für dich, an dei - ner Stel - le im Gar-ten er-schei-nen; so al -
ti - to, fa - re - mo che in sua ve - ce i - vi sen va - da; que-sta è

192

Corni in F

Violino I

Violino II

Viola

Figaro

Will der Herr Graf ein Tänz-chen nun wa-gen, mag er's mir
Se vuol bal - la - re, si-gnor con - ti-no, il chi-ta-

Violoncello e Contrabasso

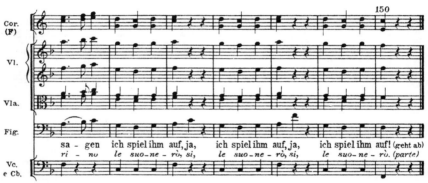

Cor. (F)

Vl.

Vla.

Fig.

sa - gen ich spiel ihm auf, ja, ich spiel ihm auf, ja, ich spiel ihm auf! (geht ab)
ri - no le suo-ne - rò, si, le suo-ne - rò, si, le suo-ne - rò. (parte)

Vc. e Cb.

Szene III
Die Gräfin, Susanna, später Cherubino

Scena III
La Contessa, Susanna, indi Cherubino

Recitativo
Die Gräfin
La Contessa

Gfn. La C.

Ach, es schmerzt mich, Su - san-na, daß die-ser jun-ge
Quan-to duol - mi, Su - san-na, che que-sto gio-vi-

Vc. e Cb.

Gfn. La C.

Mensch Kennt-nis er-hielt von des Gra-fen Lie-bes-plä-nen! ach! und du
not-to ab - bia del Con - te le stra-va-gan-ze u - di - to! ah! tu non

Vc. e Cb.

brennt. Was mir ge - sche - hen, ist mir so neu,
cor. Quel - lo ch'io pro - vo, vi - ri - di - rò,

kann's nicht ver - ste - hen was es nur sei? Ein süß'Ver-
è per me nuo - vo ca - pir nol so. Sen - to un af -

Recitativo

Nº 12. Aria

208

E. E. 4446

210

212

umgewandt,
ra-te-vi…

mich angeschaut,
guar - datemi…

60

1.

bra - vo!
bra - vo…

den Kopf mehr in die
più al - to quel col -

E. E. 4446

Mit - te, nun laßt uns seh'n die Schrit-te, ge-hen Sie auf und
pet - to, ve - dre - mo pos - cia il pas - so quan-do sa - re - te in

ab, nun laßt uns seh'n die Schrit-te, ge-hen Sie auf und
pie, ve - dre - mo pos - cia il pas - so quan-do sa - re - te in

E. E. 4446.

220

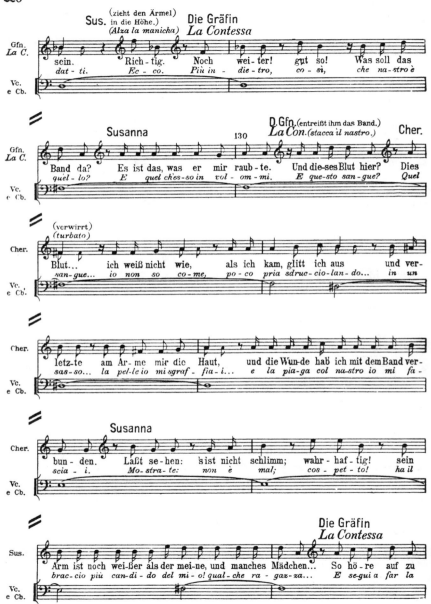

E. E. 4446

E. E. 4446

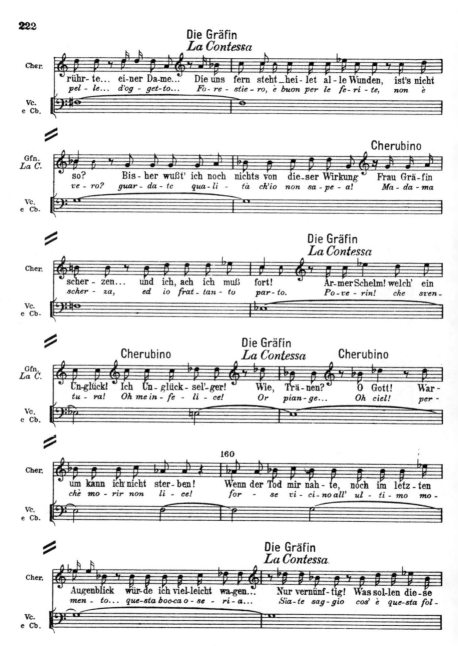

Szene IV
Die Gräfin, Cherubino, der Graf außerhalb

Scena IV
La Contessa, Cherubino, il Conte fuori della porta

226

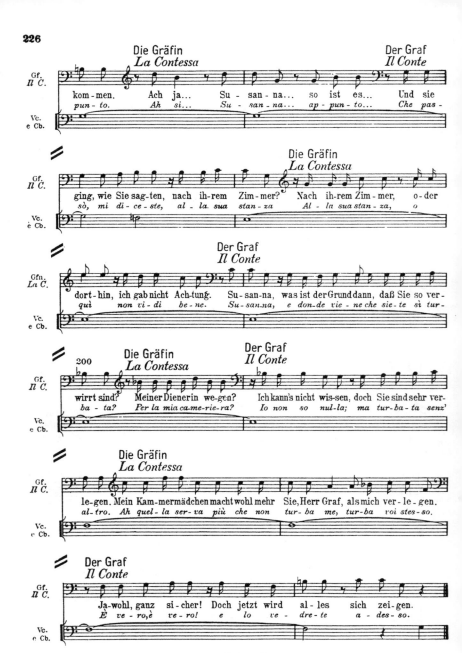

E. E. 4446

Szene VI
Die Vorigen, Susanna,
von den Andern ungesehen.

Scena VI
detti e Susanna in disparte.

N⁰ 13. Terzetto

E. E. 4446

F. E. 4446

242

E. E. 4446

E. E. 4446

246

Vl.

Vla.

Sus.

Susanna

Er springt dem Tod ent - ge - gen, das geht nicht, nimmer-
Ei va a pe - ri - re, o De - i! fer - ma - te, per pie -

Cher.

glücklich! so ist's ge-scheh'n!
di - o! co - si si fa!
(springt hinaus) (*salta fuori*)

Vc.
e Cb.

Vc.

Vl.

cresc.

Vla.

cresc.

Sus.

mehr, es geht nicht, es geht nicht!
tà, fer - ma - te, fer - ma - te!

Vc.
e Cb.

Bassi *cresc.* f

Recitativo

Susanna

Sus.

O sieh den klei-nen Teu - fel, wie er fort - läuft! den holt
Oh guarda il de - mo - niet - to co - me fug - ge! e già un

Vc.
e Cb.

Sus.

Nie-mand mehr ein; doch kei-ne Zeit ver-lo-ren, ge-schwind in's Ka-bi-nett;
mi - glio lon - ta - no; ma non perdiamci in va - no: en - triam nel ga - bi - net - to:

Vc.
e Cb.

Sus.

jetzt mag der Wüt-rich kom-men: ich har - re sei - ner. (geht ins Kabinett)
ven - ga poi lo smar-gias - so: io qui l'as - pet - to. (entra nel gabinetto)

Vc.
e Cb.

Szene VIII
Die Gräfin, Der Graf

Scena VIII
La Contessa, Il Conte

Recitativo

Der Graf (mit Werkzeug die Türe zu sprengen)
Il Conte (coll' occorrente per fondar la porta)

Al-les ist un-ver-än-dert: ist's Ih-nen nun viel-leicht ge-fäl-lig, o-der
Tut-to è co-me il las-ci-ai: vo-le-te dun-que ap-rir voi stes-sa, o

Die Gräfin
La Contessa

soll ich? Weh mir, ver-wei-len Sie ach, und hö-ren Sie mich, hal-ten
deg-gio, Ahi-mè! fer-ma-te, e as-col-ta-te-mi un po-co: mi cre-

Der Graf
Il Conte

Sie mich wohl fä-hig mich so schwer zu ver-geh'n? Ganz nach Be-lie-ben,
de-te ca-pa-ci di man-car al do-ver? Co-me vi pia-ce,

Die Gräfin
La Contessa

ich wer-de jetzt wohl se-hen wer im Zim-mer dort steckt. Ja, oh-ne
en-tro quel ga-bi-net-to chi v'è chiu-so ve-drò. Sì, lo ve-

70

Der Graf (aufgebracht)
Il Conte (turbato)

Zwei-fel, doch schenken Sie Ge-hör mir. So ist's doch nicht Su-san-na?
dre-te, ma u-di-te-mi tran-quil-lo. Non è dun-que Su-san-na?

Die Gräfin
La Contessa

Nein, doch statt ih-rer Je-mand, der ge-wiß kei-nen Arg-wohn bei
No, ma in ve-ce è un og-get-to, che ra-gion di sos-pet-to non vi-

E. E. 4446

Nº 15. Finale

E. E. 4446

Szene IX
Susanna, Die Vorigen

Susanna erscheint in der Türe und bleibt
ernsthaft stehen.

Scena IX
Susanna e detti

*Esce sulla porta tutta grave, ed ivi si
ferma.*

E. E. 4446

268

269

E. E. 4446

lei - digt, so bitt' ich, ver - zeih' mir, so bitt' ich, ver-
fe - si per - do - no vi chie - do, per - do - no vi

zeih' mir; doch so sehr zu täuschen mich, war grau - sam, war
chie - do; ma far bur - la si - mi - le è poi cru - del -

274

Fl.

Ob.

Vl.

Vla.

Sus.

zeiht, Ver-zeihung ver - dient nicht, wer selbst nicht ver-zeiht.
da, per-do - no non mer-ta chi a-gli al-tri nol da.

Gfn.
La C.

zeiht, Ver-zeihung ver - dient nicht, wer selbst nicht ver-zeiht.
da, per-do - no non mer-ta chi a-gli al-tri nol da.

Gf.
Il C.

Nun wohl! Es sei
Eb - ben se vi

Vc.
e Cb.

Ob.

Fg.

Vl.

Vla.

Gf.
Il C.

Frie - de, für sie und uns al - le, wenn nur Un-ver-
pia - ce, com-mu - ne è la pa - ce; Ro - si - na in-fles -

Vc.
e Cb.

E. E. 4446

Szene X
Figaro, die Vorigen.

Scena X
Figaro e detti.

Herr Graf, uns er-war-ten die fröh-li-chen
Si – gno – re, di fuo-ri son già i suo-na –

Schaaren,
to – ri,
beim Schall der Trom-pe-ten,
le trom – be sen – ti – te,
mit
i

380

Fl.

Ob.

Fg.

Cor. (G)

Vl.

Vla.

Sus.

wird be-denk-lich, der Fall wird be-denk-lich,was
sa è sca-bro-sa, la co - sa è sca-bro-sa, com'

Gfn.
La C.

wird be-denk-lich, der Fall wird be-denk-lich,was
sa è sca-bro-sa, la co - sa è sca-bro-sa, com'

Gf.
Il C.

Kar-ten ich seh'n, jetzt wer-de dem Schelm in die Kar-ten ich seh'n,
vien qui sco-prir, con ar-te le car-te con-vien qui sco-prir,

Fig.

wird be-denk-lich, der Fall wird be-denk-lich,was
sa è sca-bro-sa, la co - sa è sca-bro-sa, com'

Vc.
e Cb.

300

E. E. 4446

304

E. E. 4446

307

313

E. E. 4446

Szene XI

Die Vorigen, Antonio, halb betrun-
ken, trägt einen Nelkenstock.

Scena XI

I detti ed Antonio, mezzo ubriacco, por-
tando un vaso di garofani schiacciati.

316

E. E. 4446

318

Sa - chen, doch so - e - ben, es ist nicht zum la - chen, warf man
veg - gio, e poc' an - zi, può dar - si di peg - gio, vi - di un

490

Der Graf *Il Conte* (lebhaft)
(con vivacità)

Aus dem Fenster?
Dal bal - co - ne? (zeigt ihm die Nelken)
(monstrandogli il vaso)

gar ei - nen Men - schen hin - ab. Da seh'n Sie nur die
uom, si - gnor mio, git - tar giù. Ve - de - tei ga - ro -

324

330

338

348

352

Schel-me,   ih - re Frechheit geht zu weit, ih - re Frechheit geht zu
paz - zi,   *co - sa mai vengono a far,* *co - sa mai ven-gono a*

Fl.

Ob.

Cl.

Fg.

Vl.

Vla.

Gf.
Π C.

ru-hig! denn ich selbst geb' Euch Be - scheid.
len-zio! io son qui per giu - di - car. Bartolo

Bart.

Sie er -
Io da

Vc.
e Cb.

Ob.

Cl.

Fg.

Vl.

Vla.

Bart.

wähl-te mich zum Beistand, und als sol-cher werd'ich sprechen, denn bei so gerech-ter
lei scelto av-ro - ca-to, vengo a far le sue di - fe-se, le le-gi-ti-me pre-

Vc.
e Cb.

368

E. E. 4446

Vl.

Vla.

Gf.
Il C.

laßt uns___ se _ hen;   den Kon _ trakt laßt___ uns durch _
lo   ve -   dre - mo,   *il   con - trat - to___   leg - ge -*

Vc.
e Cb.

780

Fl.

Ob.

Cl.

Fg.

Cor.
(Es)

Vl.

Vla.

Gf.
Il C.

ge _hen,   al_les nach Ge _ rech _tig_ keit.
re-mo,   *tut_to in or - din___ de - vean - dar.*

Vc.
e Cb.

Più Allegro

373

800

388

870

E. E. 4446

394

Prestissimo

Dritter Akt

Ein großer, zur Hochzeitfeier geschmückter Saal

Atto terzo

Una gran sala adornata per la festa nuziale

Szene I

Der Graf allein, auf und abgehend

Scena I

Il Conte solo che passeggia

404

405

E. E. 4446

406

№ 16. Duetto

412

E. E. 4446

418

Recitativo

Der Graf / Il Conte

Und war-um warst du mit mir die-sen
E per-chè fo-sti me - co sta - mat -

Susanna

Mor-gen denn so sprö-de? Der
ti - na si au - ste - ra? Col

Der Graf / Il Conte

Pa - ge war im Zim-mer. Und mit Ba-
pag - gio ch'i - vi ce - ra. Ed a Ba-

Susanna

si - lio, der für mich mit dir sprach? Warum soll erst zwi-schen uns ein Ba-
si - lio, che per me ti par-lò? Ma qual bi-sogno abbiam noi, che un Ba-

Der Graf / Il Conte

si - lio... Sehr wahr! sehr wahr! Al - so du ver-
si - lio... È ve - ro, è ve - ro, e mi pro-met - ti

80

sprichst mir... wenn du war-ten mich lie-ßest... al-lein die Grä-fin
po - i... se tu manchi, o cor mi - o... ma la con-tes - sa

E. E. 4446

Szene IV
Der Graf allein

Scena IV
Il Conte solo

Nº 17. Recitativo ed Aria

E. E. 4446

es soll euch... es soll die strengste Stra-fe euch treffen,
io vo-gli.o... io vo-glio di tal mo-do pu - nir-vi,

nach meiner Willkür wird der Ur-teilspruch sein.
a pia-cer mi - o la sen-ten-za sa - ra...

Auch wird An - to - ni - o   jetzt sich weigern mit Fi - ga - ro, dem Frem-den,   Su-
E. poive An - to - ni - o   che all' in - co - gni - to Fi - ga - ro ri - cu - sa   di

sanna, seine Nich - te zu ver - mählen.
dare un - a ni - pote in ma - tri - monio.

Icher-wek-ke den Hochmut des al-ten eit-len Toren...
Col-ti-van-do l'or-go-glio di que-sto men-te - cat-to...

sicherwirder mir folgen...
tid-togiova a un rag-gi-ro...

es muß ge-lin-gen.
il col-po è fat-to.

Allegro maestoso

Flauti
Oboi
Fagotti
Corni in D
Trombe in D
Timpani in D-A
Violino I
Violino II
Viola
Der Graf
Il Conte
Violoncello
e Contrabasso

E. E. 4446

428

Glück, nach dem ich trach-te,
ben che in-van de si - o,
er soll sich des-sen freu'n?
ei pos-se-der do-vrà?
Ich
Ve -

E. E. 4446

soll durch Lie_bes_ban-de ver_eint mit ihm sie se_hen, die
drò per man d'a_mo_re u_ni-taaunvi_le og-get_to chi in

Glut in mir ent_zün_det, doch mei_ne Glut nicht teilt, doch
me de_stòun af_fet_to che per me poi non ha, che

mei-ne Glut nicht teilt. Wenn ich____ vor Sehnsucht schmachte,____ soll
per me poi non ha. Ve - drò,____mentr'io so - spi - ro,____ fe -

432

trach-te, er___ soll sich des___ sen freu'n? ich soll durch Lie-bes-
si - o, ei___ pos - se - der do - vrà, ve - drò per man d'a-

ban-de ver-eint mit ihm sie se - hen, die Glut in mir ent -
mo - re u - ni - ta a un vi - le og - get - to, chi in me - de - stò un af -

E. E. 4446

434

for - dert mei - ne Eh - re, du sollst es nicht er - rei - chen,
vo que - sto con - ten - to, tu non na - sce - sti, au - da - ce,

436

E. E. 4446

wallt hei-ßer, wallt das
e giu - bi - lar mi

Blut, wallt hei-ßer mir das Blut, wallt hei-ßer mir das Blut.
fa, e giu - bi - lar mi fa, e giu - bi - lar mi fa.

Szene V
Der Graf, Marcellina, Don Curzio,
Figaro, Bartolo, später Susanna.

Scena V
Il Conte, Marcellina, Don Curzio,
Figaro, Bartolo, indi Susanna.

Recitativo
Don Curzio *(stotternd)*
(tartagliando)

Der Pro-zeß ist ent-schie-den, jetzt heißt's Geld o-der Hei-rat, und da-mit
È de-ci-sa la li-te. O pa-gar-la, o spo-sar-la, ora am-mu-

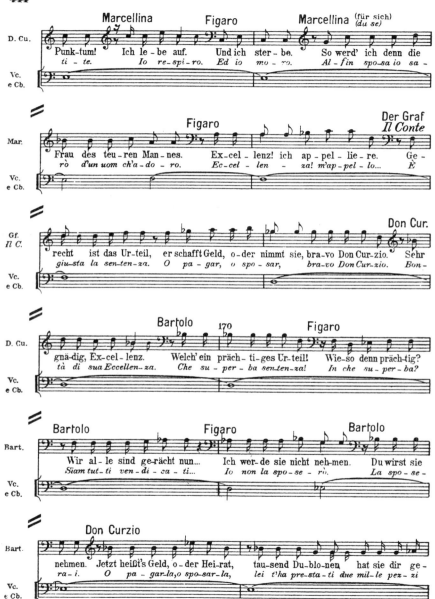

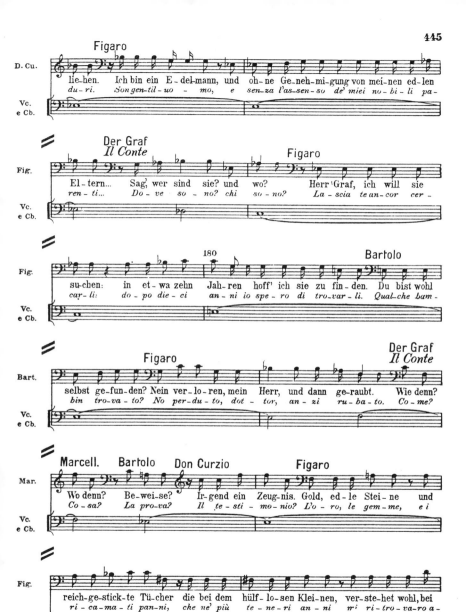

446

Nº 18. Sestetto

452

Susanna (hält den Grafen zurück)
(arrestando il Conte)

Darf ich bit-ten nicht zu ei - len,
Al - to, al - to! si - gnor con-te,
noch ein we-nig zu ver-
mil - le dop-pie son qui

wei-len? ich be - zah - le hier für Fi - ga-ro, was ent-schie-den das Ge-
pronte, a pa - gar ven-go per Fi-ga-ro, ed a por-lo in li - ber-

462

472

478

Szene VI
Susanna, Marcellina, Figaro, Bartolo

Scena VI
Susanna, Marcellina, Figaro, Bartolo

Recitativo
Marcellina

Mar.

Seh'n Sie, mein lie - ber Dok - tor, in ihm den
Ec - co - vi, o ca - ro a - mi - co, il dol - ce

teu - ren Spröß - ling un - se - rer Lie - be. Spre - chen wir
frut - to dell' an - ti - co a - mor no - stro. Or non par -

Bartolo

nicht von so al - ten Geschichten. Er ist mein Sohn, du wirst mei - ne Gat - tin,
lia - mo di fat - ti sì ri - mo - ti, e gli è mio fi - glio, mia con - sor - te voi sie - te,

und die Hoch - zeit mag sein so - bald du willst. Heut' noch, heut' sei Dop - pel -
e le noz - ze fa - rem quan - do vo - le - te. Og - gi, e dop - pie sa -

Marcellina

hoch - zeit. Nimm hier, es ist der Schuldschein, den du mir einst ge -
ran - no, pren - di, questo è il bi - gliet - to del de - nar che a me

Susanna 150   **Bartolo**

ge - ben, er sei die Mit - gift. Nimm hier auch die - se Bör - se. Und die - se auch hier.
de - vi, ed è tua do - te. Prendi an - cor questa bor - sa. E questa anco - ra.

E. E. 4446

482

E. E. 4446

Szene VIII
Die Gräfin allein

Scena VIII
La Contessa sola

Nº 19. Recitativo ed Aria

die ge - lobt sein heil'ger Eid. Ach, wenn doch der treuen Lie- be, die im
di quel lab- bro menzo - gner! Ah! se al- men la mia co- stan- za nell'an-

Lei - den sich__ be- währt, nur die einz'ge Hoffnung bliebe, daß sein Herz ihr wie-der-
gui - re a-man- do o - gnor mi por- tasse u-na spe- ran- za di can- giar l'in- gra- to

kehrt, daß sein Herz ihr wie – der – kehrt.
cor, di can – giar l'in – gra – to cor.

Ach, wenn doch der treu – en Lie – be,
Ah! se al – men la mia co – stan – za,

ach, wenn doch der treu-en_
ah! se al-men la mia co-

Lie-be, die im Lei-den_ sich_____ be-währt, nur die einz'ge Hoffnung
stan-za nel lan-gui-re a-man-do o-gnor mi por-tas-seu-na spe-

494

496

kehrt, ihr wie – der – kehrt, ihr wie – der – kehrt. (Sie geht ab)
cor, l'in – gra – to cor, l'in – gra – to cor. (Parte)

Recitativo

Antonio: Ganz ge - wiß, gnäd'-ger Herr, der klei - ne
Io vi di - co si - gnor, che Che - ru -

Pa - ge ist im - mer noch im Schlos-se, se-hen Sie als Beweis hier sei-nen
bi - no è an - co - ra nel ca - stel - lo, e ve - de - te per prova il suo ca-

Der Graf / Il Conte: Hut. Doch wie, zu die-ser Stun-de muß er ja in Se-vil-la an-ge-
pel - lo. Ma co - me se a quest' o - ra es - ser giunto a Si - viglia egli do-

Antonio: langt sein? Ver-zei-hung! heut liegt Se-vil-la in mei-ner Woh-nung:
vri - a? Scu - sa - te, og - gi Si - vi-glia è a ca - sa mi - a,

dort hat er sich ver-kleidet, und dort ließ er sei-ne Klei-der auch zu-
là ve - stis - si da don-na e là la - sciati hagl'al-tri a - bi - ti

Der Graf / Il Conte: rück. Schändli-che!
suoi. Per - fi - di!

Antonio: Ge-duld, Sie sollen al-les selbst seh'n. (Sie gehen ab)
An - diam, e li ve-dre-te vo - i. (Partano)

E. E. 4446

498

Szene X
Die Gräfin, Susanna

Scena X
La Contessa, Susanna

E. E. 4446

504

E. E. 4446

506

Szene XI

Cherubino als Landmädchen gekleidet.
Barbarina und andere Landmädchen,
alle mit Blumensträußen.

Scena XI

Cherubin vestito da contadinella.
Barbarina e alcune altre contadinelle,
con mazzetti di fiori.

N.º 21. Coro

Grazioso

508

Gnäd'-ge Grä-fin, die - se Ro-sen, so wie Sie, so sanft und
Ri - ce - ve-te,o pa-dron-ci - na, que-ste ro - se e que-sti

schön, pflück-ten wir am frü-hen Mor - gen, die-ses Fest heut' zu be-
fior, che ab-biam col - ti sta mat-ti - na, per mo - strar-vi il no-stro a-

510

Recitativo
Barbarina

Barb.

Dies sind, gnäd'ge Frau Grä-fin, aus dem Schlos-se die Mäd-chen. Sie brin-gen
Que-ste so-no, Ma-da-ma, le ra-gaz-ze del lo-co che il po-co

40

Barb.

Ih-nen das Wen'-ge was sie ha-ben, und er-bit-ten Ver-zei-hung ih-rer
ch'han ri ven-go-no ad of-fri-re, e vi chie-don per-don del lo-ro ar-

E. E. 4446

Szene XII
Der Graf, Antonio, die Vorigen

Antonio schleicht sacht herbei, nimmt
Cherubino die Haube ab und setzt ihm den
Offiziershut auf.

Scena XII
Il Conte, Antonio, e detti

*Antonio ha il cappello di Cherubino:
entra in scena piano, gli cava la cuffia da
donna e gli mette in testa il cappello.*

514

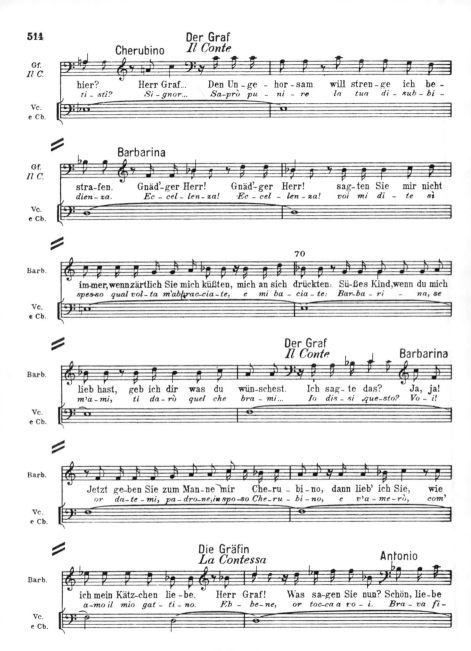

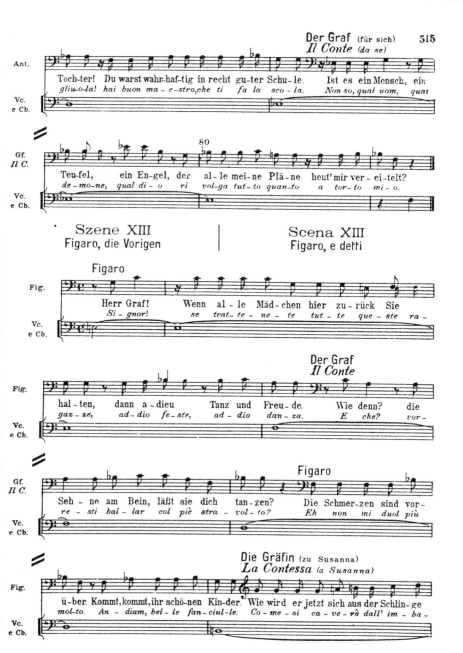

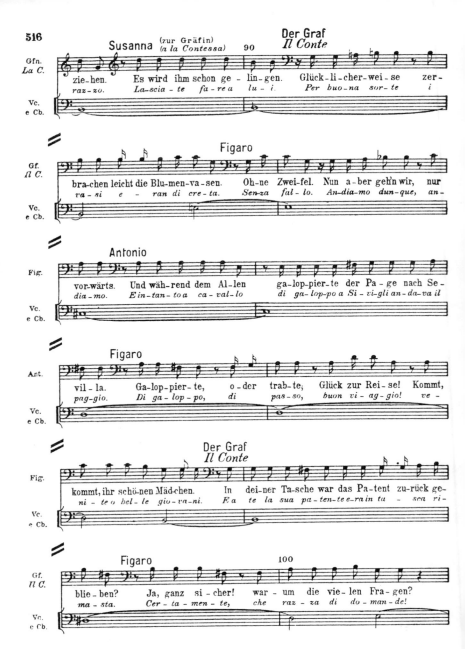

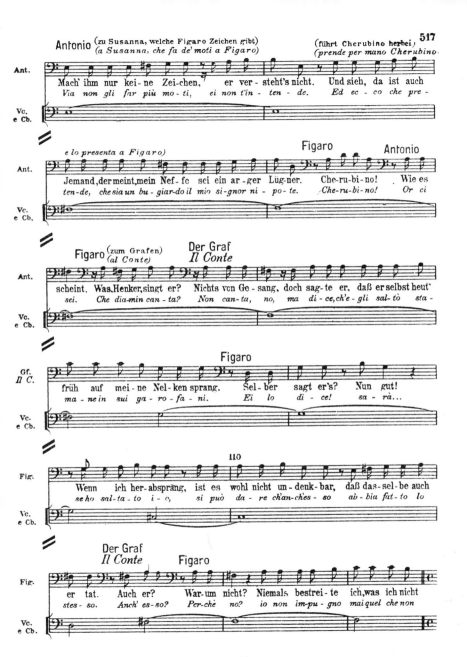

Nº 22 Finale

Jetzt laßt uns schweigen. Dort nahn sich bei-de Paa-re, die Fest-lichkeit be-
Or non par - lia - mo. Ec - co qui le due noz-ze, ri - ce ver - le dob-

Gräfin!
tes-sa!

ginnt, gilt's doch auch Je - ner, die so sehr Sie be - schüt - zen. Wohl -
biam, *al - fin si trat - ta* *d'u - na vo - stra pro - tet - ta.* *Seg -*

522

Szene XIV

Die Vorigen. Jäger mit Büchsen. Gerichtsdiener. Bauern und Bäuerinnen. Zwei Mädchen, die den mit weißen Federn geschmückten Brauthut tragen; zwei andere mit dem weißen Schleier, noch zwei andere mit Handschuhen und Blumenstrauß. Figaro und Marcellina; andere Mädchen, welche Hut, Schleier etc. für Susanna tragen. Susanna wird von Bartolo zum Grafen geführt, sie kniet nieder, er setzt ihr den Kranz auf; Figaro führt Marcellina zur Gräfin in derselben Absicht. Antonio, Barbarina etc.

Scena XIV

Il Conte, la Contessa. Cacciatori con fucile in spalla. Gente del foro. Contadini e contadine. Due giovinette, che portono il cappello verginale con piume bianche; due altre un bianco velo, due altri i guanti e il mazzetto di fiori. Figaro con Marcellina; altre giovinette, che portono un simile cappello per Susanna etc. Bartolo con Susanna. Bartolo conduce Susanna al Conte e s'inginocchia per ricever da lui il cappello etc. Figaro conduce Marcellina alla Contessa e fa la stessa funzione. Antonio, Barbarina etc.

Allegretto

530

Leb - ten, mit Krän - zen geschmückt, be - sin - get ihn herz - lich, der
stan - ti se - gua - ci d'o-nor, can - ta - te, lo - da - te si

euch   so   be-glückt.   Ihr treu _ en Ge _ lieb _ ten, mit Krän _ zen ge-

sag _ gio   si - gnor.   A - man _ ti co - stan _ ti se - gua - ci   d'o -

sin - get ihn herz - lich, der euch so be - glückt. Er schützt eu - re
ta - te, lo - da - te sì sag - gio si - gnor. Aun drit - to ce -

536

Glück, er schützt eu _ re Eh _ re, er schont eu _ re Un _ schuld, und

tor, a un drit _ to ce _ den _ do, che ol _ trag _ gia, che of _ fen _ de, ei

Andante

Fl.
Ob.
Fg.
Cor. (C)
Tr̄be. (C)
Timp.
Vl.
Vla.

S.
A.
Chor
T.
B.

Herrn!
gnor!

(Tanz)
(I Figuran-
ti ballona)

(Susanna, indem sie vor dem Grafen kniet, zupft ihn am Kleide und zeigt ihm das Briefchen, dann greift sie nach dem Kopfe, wobei sie dem Grafen, welcher tut, als befestigte er den Kranz, das Briefchen gibt. Der Graf verbirgt es schnell. Susanna steht auf und verneigt sich. Figaro empfängt sie vom Grafen; Marcellina steht später auf, Bartolo empfängt sie von der Hand der Gräfin.)

(Susanna essendo in ginocchio tira, il conte per l'abito e gli mostra il bigliettino, dopo passa la mano alla testa, dove pare che il conte le aggiusti il cappello, e gli dà il biglietto. Il conte se lo mette furtivamente in seno. Susanna s'alza, gli fa una riverenza. Figaro viene a riceverla; Marcellina s'alza un poco più tardi. Bartolo viene a riceverla dalle mani della contessa.)

Vc. e Cb.

Fl.
Fg.
Vl.
Vla.
Vc. e Cb.

140

(Figaro tanzt) (Figaro balla)

E. E. 4446

542

ge-ben,   es   dien-te da als Sie-gel   ei - ne   Na-del, und
lan-te,   ed   e - ra si-gil - la - to   d'u - na   spil-la, ond'

die   stach ihn in den   Fin-ger,   und jetzt sucht er sie
___   ei   si punse il   di' - to,   il Nar-cisso or la

wieder, o, welche Torheit!
cer-ca, oh, che stor-di-to!

Recit.

Der Graf
Il Conte

Nun geht ihr Freunde! Es sei für heu-te A-bend zur Hochzeit-feier al-les bereitet! Größte
An-da-te a-mi - ci!   e sia per questa se-ra dis-po-sto l'appa-ra-to nuzia-le   col-la

180

Pracht soll da herrschen, nehmt al-le Teil an dem glänzend fro-hen Fe-ste,   am
più   ric-ca pom-pa,   io vò che si - a ma-gni-fi - ca la fe - sta,   e

548

Schmau-se,   am Spie-le,   an Ge-sän-gen,   und am Bal-le,
can - ti   e fo - chi,   e gran ce - na,   e gran bal-lo:

denn ihr Ge-treu-en,   heu-te möcht' ich so gern euch All' er - freu-en.
e o-gnuno im-pa - ri   com' io   trat - to co-lor che a me son ca - ri.

E. E. 4446

Vierter Akt

Garten, zur rechten und zur linken Seite
ein Pavillon. Es ist Nacht.

Szene ʿI
Barbarina mit einer Laterne.

Atto quarto

*Il teatro rappresenta un giardino con due
padiglioni, uno a dritta e l'altro a sinistra. Notte.*

Scena I
Barbarina, tenendo una lanterna di carta.

Nº 23. Cavatina
Andante

Ar - men! weh mir Ar - men! weh mir! ach! was fang' ich an? Und mei-ne
nel - la! l'ho per - du - ta! ah chi sà, do - ve sa - rà? E mia cu-

Ba-se? der Herr Graf? wie wird das geh'n? was fang' ich an?
gi-na? e il pa - dron, co - sa di - rà? co - sa di - rà?

Szene II
Barbarina, Figaro, Marcellina

Scena II
Barbarina, Figaro, Marcellina

Recitativo

Figaro Barbarina Figaro

Bar-ba-ri - na, was suchst du? Ach, ich hab' sie ver-lo-ren. Was denn?
Bar-ba-ri - na, cos' ha - i? L'ho per - du - ta, cu-gi - no. Co - sa?

Marc. Barbarina

Was denn? Die Na-del, die der Graf mir ge-ge-ben sie Su-san-na zu
Co - sa? La spil - la, che a me die-de il pa-dro-ne per re-car a Su-

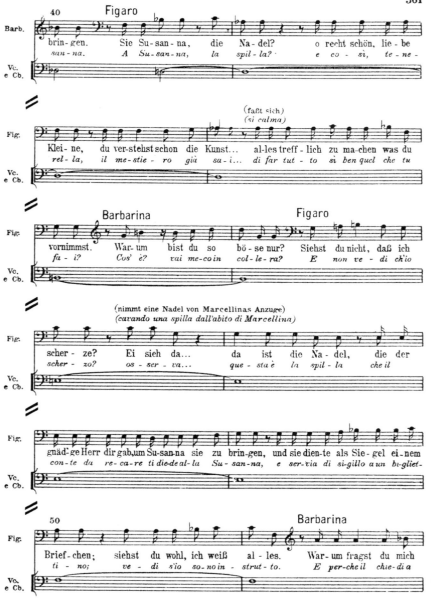

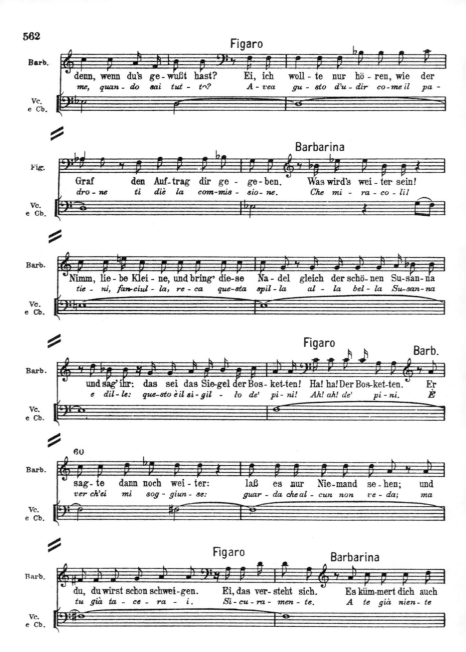

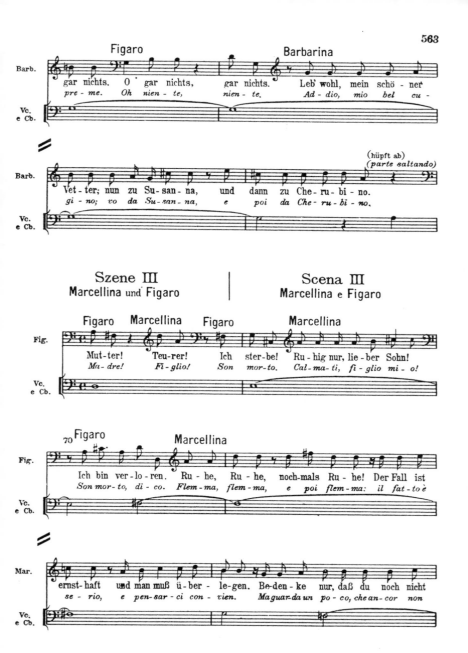

Figaro

Mar. weißt, mit wem man wohl das Spiel treibt. Ach, die-se Na-del, o Mut-ter, es ist die-
sai, di chi si pren-da gio-co. Ah, quel-la spil-la, o ma-dre, è quel-la

Marcellina

Fig. sel-be, die der Graf vor-hin such-te. Ja, ja, und des-halb hast du al-le
stes-sa, che poc' an-zi ei rac-col-se. E ver, ma questo al più ti por-ge un

Mar. Ur-sach' hübsch Acht zu ge-ben und vor-sich-tig auf-zu-mer-ken: doch du
drit-to di sta-re in guar-dia e ri-te-re in so-spet-to: ma non

Figaro

Mar. weißt nicht, ob er wirk-lich... Wohl-an, an's Werk denn! Ich weiß ja nun zur
sai se in ef-fet-to... All' ar-te dun-que! il lo-co del con-

Marcellina   **Figaro**

Fig. Gnü-ge wo das Stell-dich-ein sein soll. Lie-ber Sohn, was be-ginnst du? Al-le
gres-so so dov' è sta-bi-li-to. Do-ve vai, fi-glio mi-o? A ven-di-

(wütend ab)
(parte infuriato)

Fig. Män-ner will ich rä-chen, leb' wohl jetzt.
car tut-t'i ma-ri-ti, ad-di-o.

Szene IV
Marcellina allein

Scena IV
Marcellina sola

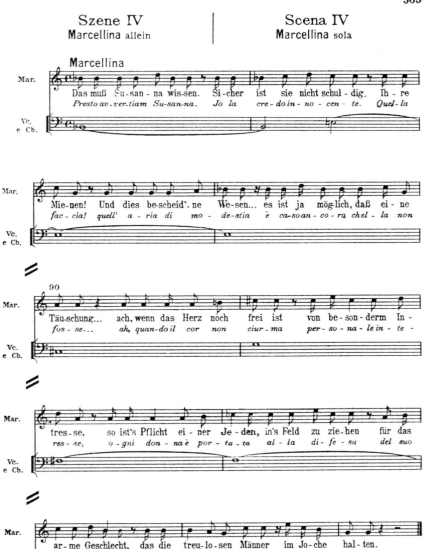

Marcellina

Mar. Das muß Su-san-na wis-sen. Si-cher ist sie nicht schul-dig. Ih-re
Presto av-ver-tiam Su-san-na. Jo la cre-do in-no-cen-te. Quel-la

Mie-nen! Und dies be-scheid'-ne We-sen... es ist ja mög-lich, daß ei-ne
fac-cia! quell' a-ria di mo-de-stia è ca-so an-co-ra chel-la non

90
Täu-schung... ach, wenn das Herz noch frei ist von be-son-derm In-
fos-se... ah, quan-do il cor non ciur-ma per-so-na-le in-te-

tres-se, so ist's Pflicht ei-ner Je-den, in's Feld zu zie-hen für das
res-se, o-gni don-na è por-ta-ta al-la di-fe-su del suo

ar-me Geschlecht, das die treu-lo-sen Männer im Jo-che hal-ten.
po-ve-ro ses-so, da quest' uo-mi-ni in-gra-ti a tor-to op-pres-so.

№ 24 Aria

Vl.

Vla.

Mar.
schat-ten wohnt Fried' und Ei-nig-keit,_ die Gat-tinnen und die Gat-ten, sie
pret-ta   son sem-pre in a-mi-stà,_   l'a-gnel-lo a l'a-gnel-let-ta   la

Vc. e Cb.

Vl.

Vla.

Mar.
wis-sen nichts von Streit. Den Lö-wen und die Lö-win, den
guer-ra mai non fà._   Le più   fe-ro-ci bel-ve   per

Vc. e Cb.

Vl.

Vla.

Mar.
Wolf   und sei-ne Wol-fin   sieht freundlich man und friedlich be-
sel-ve e per cam-pa-gne   la-scian le lor com-pa-gne   in

Vc. e Cb.

40

Fried' und Ei-nig-keit,— die Gat-tin-nen und die Gat-ten, sie
sem - pre in a - mi - stà,— l'a - gnel - lo a l'a-gnel - let - ta la

wis- - sen nichts von Streit.— Den Lö - - wen und die
guer - ra mai non fa.— Le più fe - ro - ci

Lö - win, den Wolf und sei - ne Wöl - fin,
bel - ve per sel - - ve e per cam - pag - ne

Vl.

Vla.

Mar.

Herz, und täu - schet un - ser Herz:
tà, o - gnor_____ con cru - del - tà;

nur
sol

Vc.

Cb.

uns, uns lohnt mit Grau-sam-keit für un - sre treu - e
noi po - ve - re fem - mi - ne, che tan - to a - miam quest'

Zärt-lich-keit, für un - - sre treu -
uo - mi - ni, che tan - to a - miam_____

70

Szene V
Barbarina allein mit einem Körbchen

Scena V
Barbarina sola con un canestro in mano

Recitativo
Barbarina

Im Pa-vil-lon zur Lin-ken, ja, ja, so sagt' er, hier al - so, hier
Nel pa-di-glio-ne a man-ca ei co-si dis-se, è que-sto, è

al - so. Doch wenn er dann nicht kä - me! Ha, ha, die gu - ten
que - sto. E poi se non ve - nis - se! Ah, ah, che bra - va

Leu-te! Kaum ge-ben sie die O - ran-ge, die-se Bir-ne und die-ses
gen - te! A sten-to dar-mi un a - ran-cio, u-na pe-ra, e u-na ciam-

100

Bröt-chen. „Wo-zu denn, lie-be Klei-ne?" O 'sist für ei-nen Her-ren. „Wir wis-sen
bel - la. Per-chi, ma-da-mi - gel-la? Oh per qual-cun si - gno-re. Già lo sap-

schon": Nun al - so! „Der Herr zwar haßt ihn". Doch ich hab' ihn so
piam, eb - be - ne! il pa-dron l'o - dia, ed io gli vo-glio

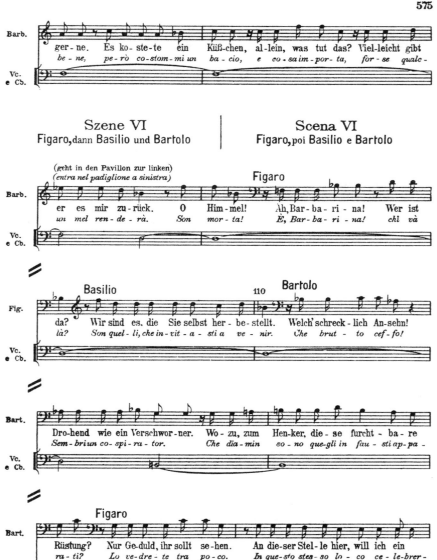

Szene VI
Figaro, dann Basilio und Bartolo

Scena VI
Figaro, poi Basilio e Bartolo

576

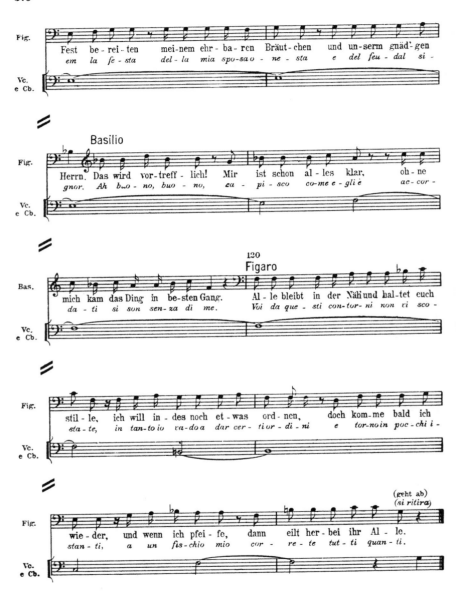

Szene VII
Basilio und Bartolo

Scena VII
Basilio e Bartolo

Basilio: Er ist ein wahrer Teu-fel. — Doch was ge-winnt er? Gar nichts. Dem Herrn gefällt Su-
Haidia-ro-li nel cor-po. Ma co-sa quan-ti? Nul-la. Su-san-na pia-ce al

san-na. Die-se gibt ihm da-her ein Stell-dich-ein, was dem Bräu-ti-gam nicht an-steht. Nun
con-te. Et la d'ac-cor-do gli diè un ap-pun-ta-men-to ch'a Fi-ga-ro non pia-ce. E

wie? Soll er denn al-les still er-tra-gen? Was so vie-le er-
che? dun-que dov-ria soff-rir-lo in pa-ce? Quel-che soff-ro-no

tra-gen, wird auch er tra-gen kön-nen. Und hö-ren Sie: bringt's ihm
tan-ti, ei soff-rir non po-treb-be? e poi sen-ti-te, che gua-

et-wa Ge-winn? Mit gro-ßen Her-ren, wie das Sprich-wort schon sagt,
da-gno può far? nel mon-do, a-mi-co, l'ac-coz-zar la con-gran-di,

ißt man Kirschen nicht ger-ne, sie be-kom-men die Kirschen und wir die Ker-ne.
fu pe-ri-co-lo o-gno-ra, dan no-van-ta per-cen-to e han-vin-to an-co-ra.

N⁰ 25. Aria

In den Jah-ren, wo ver - ge-bens die Ver-nunft und Klug - heit
In que - gli an-ni, in cui val po-co la mal pra - ti - ca ra -

spricht,　war auch ich voll wil - den　Le - bens,　hör - te　ih - re　Stim - me
gion,　*eb - bi anch' io　lo　stes - so*　*fo - co,*　*fui quel paz - zo, ch'or non*

nicht,　hör - te　　ih - re　Stim - me　nicht.　　Doch als　äl - ter　ich　ge -
son,　*fui quel*　　*paz - zo　ch'or non　son.*　　*Ma col　tem - po e　coi　pe -*

580

582

30

Fl.

Cl.

Fg.

Cor.
(B)

Vl.

Vla.

Bas.

gin-gen, holt her-ab sie von den Mau-ern, wo gar schö-ne Sa-chen
gior-no, e tog-lien-do giù dal mu-ro del pa-ci-fi-co sog-

Vc.
e Cb.

Fl.

Cl.

Fag.

Cor.
(B)

Vl.

Vla.

Bas.

hin-gen, mir die Haut von ei-nem E-sel, mir die Haut von ei-nem
gior-no u-na pel-le di so-ma-ro, di so-ma-ro, di so-

Vc.
e Cb.

E. E. 4446

E-sel. Nimm das hier, mein lie-bes Söhnchen, mein lie-bes Söhnchen!
ma-ro. Pren-di, dis-se,o figlio ca-ro, o fi-glio ca-ro!

Sprach's, und ließ mich dann al-lein, sprach's,und ließ mich dann al-lein.
poi dis-par-ve,e mi la-sciò, poi dis-par-ve,e mi la-sciò.

ich sah den Rachen...   was sollt' ich machen?
già, già mi   toc-ca   *l'in - gor - da   boc-ca,*

Und je - der Hoff-nungsstrahl schwand mei-nem Blick,   schwand mei-nem
già di di - fen - der - mi   spe - me non ho,   *spe - me non*

Blick, schwand mei-nem Blick.__ A-ber die E-sels-haut, in der ich
ho, spe - me non ho.__ Ma il fin-to i - gno-bi-le del mio ve-

steck-te, hielt von mir fer - ne was mich er-schreckte, denn mit Ver-
sti - to tol-se al-la bel - va si l'ap-pe-ti-to che dis-prez-

ken - nen ich, wie man Ge - fah - ren, Sor-gen, der
no - sce - re *mi fe la sor - te,* *ch'on-tr,* *pe -*

Fein-de List, Be-schä-mung, dem To - de durch ei - ne
ri - co-li, *ver-go-gna,* *e mor-te* *col* *cuo-jo*

592

594

E. E. 4446

Nº 26. Recitativo ed Aria

O Su-san-na! Su-san-na! wel-chen Schmerz du mir ma-chest! Wer
O Su-san-na! Su-san-na! quan-ta pe - na mi co-sti! Con

hätt' auf dei-ne Au - gen, auf die ehr - li - che Mie - ne,
quell' in - ge - nua fac - cia, con que-gli oc-chi in-no-cen - ti,

auf dein Herz nicht ge-schwo-ren? Ach! ei - nem Mäd-chen
chi cre - du - to l'a-vri - a? Ah! che il ji-darsi a

trau - en, ihm trau - en, ist eit - le Tor-heit.
don - na, a don - na, è ognor fol - li - a.

Aria

Tor - heit ih - nen weiht, die Tor - heit ih - nen weiht.
de - bo - le ra - gion, la de - bo - le ra - gion.

Wie He - xen be - zau - bern sie und brin - gen dann
Son stre - ghe che in - can - ta - no per far - ci pe -

Pein, si-re-nen-gleich lok-ken sie in Flu-ten hin-ein, wie El-fen ver-
nar, si-re-ne che can-ta-no per far-ci af-fo-gar, ci-ret-te che al-

lei-ten sie zu töd-li-chem Tan-ze, ko-me-ten-gleich glänzen sie mit trüg'ri-schem
let-ta-no per trar-ci le piu-me, co-me-te che bril-la-no per to-glier-ci il

Glan-ze, wie Ro-sen voll Dornen, wie Füch-se voll Arg-list, bald Ti-ger, bald
lu-me, son ro-se spi-no-se, son vol-pi vez-zo-se, son or-se be-

Tau-ben, bald Wöl-fe, bald Läm-mer, ver-stehn sie zu lü-gen, ver-stehn zu be-
ni-gne, co - lom-be ma - li - gne, ma - e - stre din-gan-ni, a - mi - che d'af-

trü-gen, wenn Lie-be sie heucheln, so bleibt doch beim Schmeicheln ihr Herz ab-ge-
fan-ni, che fin-go-no, men-to-no, a-mo-re non sen - ton, non sen - ton pie-

schweig'ich,) ko-me-ten-gleich glänzen sie,(das weit're verschweig'ich,) wie Ro - sen voll
di - co,) co-me-te che bril-la-no, (il re-sto nol di - co,) son ro - se spi-

Dor - nen, wie Füch - se voll Arg - list, bald Ti - ger, bald
no - se, son vol - pi vez - zo - se, son or - se be -

Tau-ben, bald Wöl - fe, bald Lämmer ver-stehn sie zu lü-gen, verstehn zu be-
ni - gne, co - lom - be ma' - li-gne, ma - e - stred'in-gan-ni, a - mi - che d'af-

90

trü-gen,wenn Lie-be sie heucheln so bleibt doch beim Schmei-cheln ihr Herz ab-ge-
fan-ni, che fin-go-no, men-to-no, a-mo-re non sen-ton, non sen-ton pie-

cresc.

Nº 27. Recitativo ed Aria.

Ängst-li-che Sor-gen! ent-flieht aus meinem Bu-sen, stört nicht
Ti-mi-de cu-re! u-sci-te dal mio pet-to, a tur-

länger die heißer-sehnten Freuden! Wie al-les
bar non ve-ni-te il mio di-let-to! Oh co-me

hier der heißen Lie-be Seh-nen, wie dieses Gartens An-mut ihr freundlich ent-ge-gen
par che all' a-mo-ro-so fo-co l'a-me-ni-tà del lo-co, la ter-ra e il ciel ri-

lä-chelt, wie trau-tes Dun-kel un-se-re Lieb begün-stigt!
spon-da, co-me la not-te i fur-ti miei se-con-da!

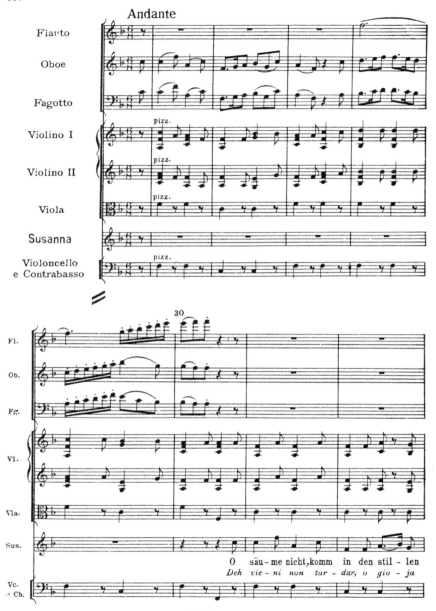

O säu - me nicht, komm in den stil - len
Deh vie - ni non tar - dar, o gio - ja

ruht auf Berg und Ta - le.
bruna, e il mon - do ta - ce.

Der
Qui

Bal - sam - hauch der Blu - men und der Bäu - me wiegt die Her-zen in
mor - mo - ra il ru - scel, qui scher - za l'au - ra, *che col dol - ce su-*

Fl.

Ob.

Fg.

Vl.

Vla.

Sus.

Lau - be, wo Lie - bes - göt - ter ko - sen, komm____ zur
mi - o, tra que - ste piante a sco - se, vie - ni,

Vc.
e Cb.

Fl.

Ob.

Fg.

Vl.

arco

Vla.

arco

Sus.

Lau - be! Daß ich dich krän - ze, krän - ze dein Haupt_____ mit Ro -
vie - ni! ti vò la fron - te in - co - ro - nar_____ di ro -

Vc.
e Cb.

sen, daß ich dich krän-ze, krän-ze dein Haupt, _____ dein teu - res
se, ti vò la fron-te in - co-ro - nar, _____ *in - co - ro-*

Haupt__ mit Ro - sen.
nar__ di ro - se.

Szene XI
Die Vorigen, **dann** Cherubino

Scena XI
I sudetti, **poi** Cherubino

Recitativo

Figaro

Schänd - li - che! in sol - cher Wei - se mich zu be -
Per - fi - da! e in quel - la for - ma me - co men -

trü - gen! noch scheint es mir als träumt' ich!
ti - a? non sò s'io veglio, o dor - ma. La la la la la la la la lera

Cherubino (kommt singend)
(cantando)

Die Gräfin
La Contessa

Cherubino

Der klei - ne Pa - ge. Ich hö - re kom - men, jetzt fort, Bar - ba - ri - na wird
Il pic - ciol paggio. Jo sen - to gen - te, en - triamo ove en - trò Bar - ba -

Die Gräfin
La Contessa

Cher.

80

war - ten. Da seh ich ei - ne Da - me. O weh, mir Ar - men! Ist's
ri - na. Oh ve - do qui una don - na. Ahi - me me - schi - na! M'in

Täu - schung, nach ih - rem Hüt - chen, das im Dun - kel ich se - he, scheint's Su -
gan - no! a quel ca - pel - lo, che nel - lom - bra veg - g'io, par mi Su -

Die Gräfin
La Contessa

Cher.

san - na. Kä - me jetzt mein Ge - mahl, grau - sa - mes Schick - sal!
san - na. E se il con - te o - ra vien, sor - te ti - ran - na!

N.º 28. Finale

632

636

638

E. E. 4446

Con un poco più di **moto**

Er hat sich fort ge - stoh - len,
Par - ti - to è al - fin lau - da - ce,

662

E. E.4446

Sehn sie zu ih - ren Fü-Ben, den Lie - bes - glut ver - zehret, Er-
Ec - comi a vo - stri pie - di, ho pie - no il cor di fo - co. es-

hö - rung sei ge - wäh-ret, der Graf Sie hin - ter-geht.
a - mi - na - te il lo - co, pen - sa - te al tra - di - tor!

680

E. E. 4446

F. E. 4446

Sus.: Uns er - war - ten die sü - ße - sten Freu - den, laß uns
Ah, cor - ria - mo, cor - ria - mo, mio be - ne, e le

Gf.
Il C.: rä - ter!
bal - di!

Fig.: Uns er - war - ten die sü - ße - sten Freu - den, laß uns
Ah, cor - ria - mo, cor - ria - mo, mio be - ne, e le

330

693

694

696

380

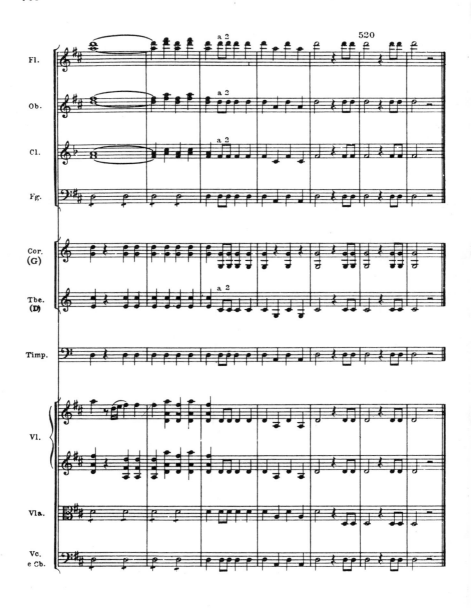